Encuentra un empleo que ames

Aplica tus dones a tu vocación

Encuentra un empleo que ames

Aplica tus dones a tu vocación

Ralph T. Mattson y Arthur F. Miller Jr.

PROYECTONEHEMÍAS

Encuentra un empleo que ames

Ralph T. Mattson y Arthur F. Miller Jr.

ISBN Impreso 978-1-950135-77-6

ISBN Kindle 978-1-950135-79-0

ISBN iBook 978-1-950135-78-3

Publicado en © 2021 por **Proyecto Nehemías**,
170 Kevina Road, Ellensburg WA 98926
www.proyectonehemias.org

Traducido del libro *Finding a Job You Can Love*
© 1982 por Ralph T. Mattson y Arthur F. Miller Jr. Publicado por P&R Publishing

Traducción por Elvis Castro

ÍNDICE

Introducción 9

PARTE I: ¿FE Y TRABAJO?

1. La gran divisoria: Domingo y lunes 15

PARTE II: DON DE DIOS

2. Comprender la voluntad de Dios 25
3. Responder a la voluntad de Dios 33
4. El trabajo: Idea de Dios 43
5. Los dones de Dios para el pueblo de Dios 49
6. Descubre tu propósito 57

PARTE III: DIGNO DE LA VOCACIÓN

7. Cuando haces lo tuyo, compulsivamente 81
8. Jugando a ser Dios 91
9. Convertirse en esa nueva creación de Dios 101
10. Ordena tu vida conforme a tu don 119
11. Un encargo para cuidar; no lo vendas ni lo cambies 137
12. Dones espirituales y dones naturales 147
13. No puedes hacerlo solo 155
14. La meta de todas las cosas 167

Apéndice: Sistema de Identificación de Capacidades Motivadas (SIMA) 171

Porque somos hechura de Dios,
creados en Cristo Jesús para buenas obras,
las cuales Dios dispuso de antemano
a fin de que las pongamos en práctica (Ef 2:10).

INTRODUCCIÓN

Cada cierto tiempo, se escucha la idea de que la vida produce ocasionales «oportunidades de oro» tan especiales que ignorarlas sería una insensatez. En mi vida, esta idea provino de una diversidad de fuentes, desde las historias de la corte del Rey Arturo que leí cuando era niño hasta la rústica filosofía de una señora del aseo.

Ni el estatus de la señora del aseo ni la naturaleza legendaria del Rey Arturo impidieron que yo creyera la idea, así que en mi niñez y juventud yo di por sentado que el futuro depararía oportunidades de oro que me llevarían a mi destino específico. Nunca consideré mucho qué aspecto iba a tener, pero ciertamente estaba ligado a la idea de lo que yo sería cuando fuera independiente e iniciara una carrera.

Ahora que he madurado, puedo evaluar mis años y ver que en ciertos momentos mi vida ha sido bendecida con oportunidades de tal calidad que puedo admitir que han sido de oro. Pero también he observado otras vidas para las cuales semejantes oportunidades de hecho parecen escasas.

Esta disparidad entre los que alcanzan el éxito y los que no lo hacen ha suscitado todo tipo de filosofías populares, mitos y técnicas para el éxito. Ha ayudado a producir una industria de publicación de libros de autoayuda dirigidos a personas apasionadas por aumentar la frecuencia de las oportunidades de oro en sus vidas.

No estoy seguro de si este libro se puede incluir en esa categoría de publicación. Mi sentido de dignidad dice que no. No estamos vendiendo cinco secretos para el éxito ni diez pasos hacia la riqueza. Pero los siguientes capítulos no solo están escritos con el fin de ayudar a las personas a pensar teológicamente acerca del tema del trabajo, sino también para capacitarlas de maneras prácticas para que encuentren el trabajo de su vida. Además, me resulta un poco bochornoso admitir que tenemos una especie de «secreto para el éxito» que ha tenido un profundo efecto en mi vida, aunque no tengo la intención de arrogarme ningún éxito sobresaliente. Puede que haya oportunidades de oro, pero lo que para uno es oro para otro es escoria. Y ahora veo que el éxito auténtico no tiene tanto que ver con las «oportunidades de oro» sino con lo que traemos a las oportunidades ordinarias de la vida.

Quizá el mejor punto de partida sea la historia de una oportunidad que se me presentó hace algunos años cuando era educador. Yo estaba en la posición de elaborar un programa integral de educación cristiana desde la temprana infancia hasta la educación secundaria. Se me dio la libertad para desarrollar desde cero lo que yo consideraba como educación ideal.

Desde mi punto de vista, el obstáculo más crítico no era la estructuración de la administración ni el desarrollo del currículum. Ni siquiera era la promoción del programa para atraer estudiantes. Para mí, la primera prioridad era reunir un profesorado dinámico. La posibilidad de llevar a cabo una comunidad educacional cristiana entusiasta con el potencial de atraer estudiantes requería de la presencia de maestros genuinos que vivieran y respiraran la esencia de las escuelas.

El problema era cómo hallar a estas personas e identificar su don de enseñanza. Las credenciales pedagógicas no prueban que su portador sea un hábil maestro, como puede testificar cualquiera de los que hemos pasado por la escuela. Las recomendaciones no son confiables. Los profesores universitarios pueden dar elogiosas recomendaciones de alumnos excelentes que serán maestros mediocres. La mejor solución es la observación, pero es bastante poco práctica con candidatos de todo el país.

Fue en esta ocasión que conocí a Arthur Miller, quien escribió este libro conmigo. Él es un consultor que capacita a las corporaciones para que aprovechen al máximo sus recursos humanos. Para esto él utiliza un sistema llamado SIMA (sigla en inglés para Sistema de Identificación de Capacidades Motivadas, descrito más adelante en este libro), el cual identifica los «dones motivados» de un individuo. Esto permite a los gerentes acomodar a las personas a los proyectos para los que están motivadas.

Yo le pregunté si su sistema podía identificar cuáles candidatos estaban realmente motivados para enseñar. El Sr. Miller me aseguró que SIMA no solo identificaría las capacidades pedagógicas, sino que además mostraría claramente cómo debía ser dirigido cada individuo.

Hicimos pasar a los candidatos por el proceso. Los resultados fueron sorprendentes. Pude saber antes de contratar quién estaba dotado para comunicar e influenciar a los alumnos, quién quería formar equipos, quién estaba motivado para trabajar en tutoriales y estudio independiente, quién quería naturalmente mejorar el currículum, quién quería seguirlo al pie de la letra, quién era capaz de escribir un nuevo currículum, quién necesitaba un golpecito en la espalda de vez en cuando, y quién no valía la pena. En resumen, este proceso de evaluación dio como resultado un entusiasta profesorado con muy pocos reemplazos, a pesar de que no pagábamos fabulosos salarios. Eso fue extraordinario.

Luego comencé a analizar SIMA como sistema y lo hice pasar una prolongada y vigorosa prueba. Observé otros sistemas de evaluación de personas. Comparé los resultados de SIMA con pruebas que yo estaba certificado para administrar. Comoquiera que yo lo abordara, SIMA se mantenía veraz en cuanto a precisión y aplicabilidad.

Luego comencé a usarlo con jóvenes, especialmente con aquellos que yo llamo estudiantes renacentistas. Ellos tienen calificaciones con honores, son excelentes deportistas, y participan en música, teatro, edición de anuarios; pueden hacer cualquier cosa. Pueden hacer cualquier cosa, pero no saben qué hacer con sus vidas. SIMA fue la herramienta que esclareció su confusión cuando vieron el patrón de sus dones dados por Dios. Detrás de sus múltiples intereses se escondía la coherencia de una forma particular de trabajar y jugar. SIMA pudo ayudarles a elegir alternativas educacionales y de carrera a las cuales dedicarse, confiados en la evidencia de respaldo. SIMA no decidió por ellos. Lo que hizo fue proporcionarles datos para que los usaran para tomar buenas decisiones.

Ha pasado más de una década desde mi descubrimiento. Los sorprendentes resultados prácticos del sistema a través de los años han demostrado que Dios le da a cada persona un conjunto único de dones vocacionales. En consecuencia, SIMA ayuda a las personas a entender para qué trabajo están dotadas. Y me ha ayudado a mí a darme cuenta de que el trabajo no es meramente el medio por el cual llevamos el pan a la mesa. El trabajo es también el lugar donde podemos realizarnos. Las personas vinculan su identidad con el trabajo que realizan. Es mucho más probable escuchar «soy carpintero» y «soy médico» que escuchar «hago carpintería» o «me dedico a la medicina».

Hay quienes se opondrían al hecho de darle tanta importancia al tema del trabajo. Entre ellos están los que no tuvieron oportunidades de oro y cuyo trabajo tiene poca o ninguna relación con lo que ellos son.

Otros creen que la búsqueda de realización en el trabajo no tiene sentido porque la verdadera realización solo se encuentra mediante la piedad y la comunión con Dios.

Confío en que el resto de este libro provea una adecuada respuesta a ambas posturas. No obstante, en este punto introductorio simplemente quiero señalar que la mayoría de las personas realmente espera más del trabajo que solo la capacidad de pagar la cuenta de la luz.

El deseo de realizarse en el propio trabajo me ha quedado claro gracias a las personas que he conocido cuyas esperanzas, objetivos y logros varían enormemente. Una ha buscado riquezas y las ha obtenido; otra buscó la fama y con ella obtuvo riqueza; y otra se ha empeñado por ambas y no ha estado ni cerca de ninguna. Aún otra cree que ambos objetivos no valen nada. Aquí hay un alumno tratando de seleccionar una meta de todas las posibilidades que ve, y otro solo tiene una vaga idea de lo que podría emprender. A pesar de lo diverso de las situaciones, todos comparten la inquietud común respecto a quiénes son o serán en su trabajo.

Tal vez tengan un sentido de llamado. Tal vez todos lo tengamos, y a pesar de los errores que cometemos y los callejones sin salida que tomamos, estamos tratando de cumplir ese llamado y llegar a ser las personas que se pretendía que fuéramos.

Si esto es cierto, es crucial que no solo descubramos cuál es nuestro llamado, cualquiera que sea nuestra situación actual en la vida, sino que además lo llevemos a cabo. Confío en que el resto de este libro sea útil para que el lector haga realidad ambos objetivos. Pero necesito hacer una advertencia. Si te gusta lo abstracto, tal vez prefieras la parte 2 del libro, porque está orientada a cómo pensamos acerca del trabajo. Si eres una persona práctica, tal vez prefieras la parte 3, que se enfoca en la aplicación. Recuerda que, ya sea que estés en uno u otro caso, lo que pensamos está estrechamente relacionado con lo que hacemos. Es necesario prestarles atención a ambas cosas.

Ralph Mattson

1982

PARTE I: ¿FE Y TRABAJO?

01

●○○

La gran divisoria: Domingo y lunes

La confusión acerca del lugar de uno en el mundo puede comenzar a muy temprana edad, como nos sucedió a nosotros, que fuimos criados en Nueva York y Chicago. No nos percatábamos de nuestra confusión, porque fuimos iniciados paulatinamente en ella y carecíamos de una perspectiva con la cual juzgar.

Algunas cosas estaban claras, tales como la apariencia del bien y el mal. El bien era que el Sr. Murphy se asegurara cada día que la Sra. Carlson, de setenta y cinco años, en el departamento de arriba estuviera bien, aun cuando ella nunca expresaba ninguna gratitud. El bien era el pepinillo kosher gratis del dueño del *delicatessen*, o las historias que contaba el Sr. Koster sobre su juventud en Europa.

El mal era ver los muebles de una casa en la calle con una desconsolada mujer desalojada pidiendo ayuda entre lamentos. O era el Sr. Johnson ebrio lanzando improperios a su familia desde la calle, porque lo habían dejado fuera por centésima vez. El mal también eran las formas constantemente innovadoras en que la gente hacía trampa en las tiendas y las ferias.

En contraste con el ambiente y la filosofía de la ciudad estaban las enseñanzas de la iglesia. Allí reinaba otra actitud, y se enseñaban valores diferentes. Los hombres y mujeres cristianos hablaban de

Dios y sus propósitos. A veces hablaban de forma santurrona, a veces de forma poco realista, pero cualesquiera que fueran los defectos que descubriéramos, las faltas que percibiéramos, esta minoría de personas expresaba una autoridad que contradecía sus números. Ellos eran capaces de contrarrestar las malas influencias de las calles con una convincente proclamación del evangelio.

También estábamos conscientes de una estricta separación entre la iglesia y el mundo que la rodeaba. Nuestras vidas estaban divididas entre la vida de la escuela, el trabajo y las calles, y la vida del hogar y la iglesia. Aprendimos a deslizarnos fácilmente de un mundo a otro y de vuelta.

Servicio a tiempo completo

En vista de lo que experimentaban diariamente en la ciudad, no sorprende que los cristianos de nuestra juventud encontraran poco que fuese de valor fuera de las puertas de la iglesia. Sus vidas estaban divididas entre la vida del trabajo en el mundo para la sobrevivencia física, y la vida en la iglesia para el crecimiento espiritual. Aunque los padres cristianos estaban orgullosos cuando uno de sus hijos lograba el éxito en el mundo, su mayor esperanza era que uno de sus hijos entrara al «servicio a tiempo completo». Para una familia católica romana, eso significaba que un hijo se hiciera sacerdote o una hija se hiciera monja. Para los protestantes, eso significaba ir a un instituto bíblico o un seminario (dependiendo de la denominación) y llegar a ser un predicador, misionero o evangelista. Se creía, *y a menudo todavía se cree*, que este es el máximo logro de la fe. Desde esta cúspide del servicio a tiempo completo, todas las demás actividades a tiempo parcial, evangelización, actos de caridad, ministerio, e involucramiento comunitario, se acomodaban en un orden descendente de espiritualidad. Era como si existiera una estructura de clases en la comunidad cristiana, donde el «siervo de Dios a tiempo completo» se encumbraba sobre el resto.

Lamentablemente, todavía es habitual que los cristianos sientan que el aumento de la actividad eclesiástica equivale a una espiritualidad acrecentada. Suponen que la suma del cristianismo es contar a los demás acerca de Jesucristo y estar activo en la iglesia, la caridad y la piedad. La mayoría de los cristianos efectivamente concuerdan en que tales cosas son una concreción de las enseñanzas y mandatos de nuestro Señor. Pero la pregunta es, ¿representan la totalidad de lo que Dios pretende para sus hijos? ¿Revelan plenamente el plan de Dios para nuestras vidas?

¿Qué hay con el restante 80 por ciento de mi vida?

¿Tiene sentido esta perspectiva de lo que significa ser cristiano cuando enfrentamos la realidad de nuestro empleo, donde pasamos la mayor parte de nuestro tiempo? Muy a menudo nuestro empleo solo se considera como un lugar donde testificar de Dios y hacer buenas obras. Incluso cuando una vocación implica actividades cuasi-religiosas, tales como enseñanza, consejería, medicina, o servicio a las necesidades materiales de las personas, a muchos cristianos les cuesta percibir de qué manera sus trabajos podrían promover las causas de Dios. A fin de cuentas, estos empleos involucran tecnologías cuyos orígenes están en sistemas mundanos, de modo que los cristianos deben funcionar como lo hacen sus asociados no cristianos.

Las actividades domésticas también rara vez se consideran como de naturaleza espiritual. Limpiar, cocinar, dormir, ver televisión, leer libros, redecorar, reorganizar, renovar, jugar, disfrutar los unos de los otros, tratar unos con otros, servirse unos a otros; todo esto es parte de la vida, pero ¿qué tienen que ver con la vida cristiana? Sí, se podría tener un poco de estudio bíblico y oración, pero cuesta mantenerse fiel a ello, y los niños bostezan y se escapan. ¿Es esta una escena doméstica de una familia que vive la fe? ¿Qué anda mal? Pareciera que en general uno hace lo mismo que los vecinos.

Sagrado y secular

Cuando se enfrentan dudas sobre si la voluntad de Dios podría llegar a tener relación con la vida cotidiana, uno quizá podría buscar a un guía espiritual y expresarle la culpa por la dualidad de la vida. Muchos consejeros intentarán confortarnos señalando que nuestro trabajo es tan importante para Dios como su propio ministerio. Pero puede que no te muestren dónde ni cómo ni por qué. Así que, aunque uno sale sintiéndose mejor, una semana después las dudas regresan.

Uno podría reaccionar lanzándose de nuevo a una u otra actividad cristiana, y pasar la mayor parte de las tardes y fines de semana en ello. Un día, quizá después que el o la cónyuge se queja porque se siente desatendido o desatendida, o después de la asignación de un proyecto especialmente interesante en el trabajo, uno comienza a preguntarse de nuevo sobre la relevancia de Dios y su voluntad para la vida de uno. Más de un esposo y padre o esposa y madre, nuevo en la fe, ha expresado un anhelo del día cuando él o ella esté libre del trabajo y los quehaceres domésticos para «realmente seguir al Señor».

Tal vez miremos al pastor y su ministerio como una vicaria participación en asuntos «espirituales», juntamente, por supuesto, con nuestras propias tareas directas ocasionales como ujier o sirviendo como anciano o diácono. Trágicamente, si este proceso continúa, la presunta irrelevancia de la fe para la vida cotidiana, la aparente desesperanza de hallar una respuesta aparte del servicio cristiano de tiempo completo, podría enfriar nuestro primer amor, y endurecer nuestro corazón a la nueva experiencia espiritual, estancando así nuestra maduración.

Pero lo más extraño es que, aun si uno pudiera cambiar su vida por una «más espiritual», enfrentaría nuevamente las cosas que había anhelado abandonar. El misionero, el evangelista, el párroco y ministro, el consejero espiritual, y el líder de la comunidad, todos ellos pasan la mayor parte de su tiempo haciendo cosas inequívocamente similares a las tareas de mantenimiento, administración, solución de problemas, atención a detalles, preparación y aseo que realizan sus hermanos y hermanas seculares. Desde luego, existe la convicción redentora de que estas acciones se realizan para la iglesia. Pero incluso esa suposición es cuestionable, como veremos más adelante.

Búsqueda de sentido

Aunque muchos cristianos han cejado en su intento de aplicar su fe a la vida cotidiana, otros todavía buscan la satisfacción prometida en la conversión y asegurada a través de la Escritura. Ellos quieren que sus años terrenales rebosen de sentido. ¿Nos convertimos meramente para ver a otros convertidos, quienes a su vez deben encargarse de que otros se conviertan, cada uno a su vez adoptando la evangelización como su única razón de ser? Ciertamente Dios quiere más de nosotros y para nosotros.

La evangelización es importante, y la Biblia enseña que es una de las principales responsabilidades de la iglesia y, en consecuencia, de cada creyente. Todos los cristianos son soldados en una descomunal batalla espiritual por las almas de los seres humanos. Pero la evangelización, como fin en sí misma, es algo obviamente absurdo. Aquellos que basan su vida en tal idea anulan su propia efectividad como ganadores de almas atrayendo a personas susceptibles a las técnicas de ventas antes que ganando personas para un estilo de vida centrado en Cristo, una forma de vivir que altera radicalmente su rumbo y propósito. La evangelización nos trae *al* reino, pero una vez dentro, debemos buscar el propósito de estar *en* el reino.

A causa de esta sed de sentido, muchos cristianos buscan el enriquecimiento de su adoración y su vida y son atraídos hacia grupos cristianos especializados que prometen experiencias espirituales más profundas. La pasión por Cristo y la vida cristiana puede ser reemplazada por una preocupación por un particular énfasis doctrinal, o un especial estilo de vida, o una forma de operar. El potencial de una vida cristiana plena se puede desvanecer.

No obstante, los grupos especializados pueden ofrecer una comunión más íntima y al menos pueden intentar lidiar con los aspectos prácticos de la fe.

La preocupación de la iglesia por sí misma

Muy a menudo, las iglesias, al no distinguir entre la vida como institución y la vida en el mundo a través de sus miembros, están preocupadas de sus roles institucionales. Cuando esto ocurre, acaban trabajando primordialmente para su propia sobrevivencia y crecimiento.

Eso a su vez obliga a los cristianos a suponer que solo lo que se hace en o por la iglesia proporciona una adecuada vida religiosa. La forma de pensar es: «Si voy a adorar a mi iglesia el domingo, si doy el diezmo, si me acerco a un hermano necesitado, si evangelizo, si evito el pecado, si paso una buena medida de tiempo en la Biblia, si ayudo cuando me lo piden, entonces estoy llevando una vida espiritual y, hasta donde puedo determinar, estoy cumpliendo todo el propósito de Dios para mi vida».

Desde luego, cualquier cristiano que cumple adecuadamente esas responsabilidades ha hecho bien. Pero limitar nuestras actividades espirituales a aquellas que tradicionalmente se asocian con la iglesia aísla la fe como si Jesucristo fuera irrelevante para el mundo del arte, la música, la literatura, la minería, la agricultura, la banca y las finanzas, la política, la fábrica, el comercio, los seguros, la pesca, los servicios alimentarios, etc., ¡uno de los cuales es el mundo del creyente promedio la mayor parte del tiempo!

¿Le importa a Dios?

¿Le preocupa a Dios qué tan buen agricultor, ama de casa, secretario o vendedora somos? ¿Le preocupa a Dios la calidad de nuestras actividades en tiempo libre? ¿Le preocupan a Dios todas las cosas que nosotros catalogaríamos como seculares?

Muchos cristianos responderían «sí», pero solo querrían decir que Dios está interesado en aquellas áreas en la medida que se convierten en lugares donde manifestar piedad: el hecho de que somos buenos, pacientes, amables, y selectivos en lo que hacemos.

Aquellos santos de nuestra infancia concordarían con entusiasmo. Ellos también demostraron lo que creían en tanto que mantenían su integridad al tratar con las a menudo difíciles realidades de su mundo laboral. Su gozo emergía de saber que agradaban a Dios con la calidad de su carácter mientras se abrían paso entre personas que esperaban que ellos hicieran trampa, mintieran, y escatimaran recursos como todos los demás.

Una demostración de honestidad, fidelidad y disciplina era un asunto serio para el pueblo de Dios, y ellos confiaban legítimamente en que Dios los recompensaría por ello. La cuestión era la calidad del carácter. Dios iba a juzgar su trabajo conforme al carácter que este producía en ellos. Aunque creemos que se puede decir muchísimo más acerca del trabajo, no se dirá nada más importante que eso.

No es nuestra intención aminorar la importancia de mostrar la realidad del poder de Dios en nuestra vida haciendo buenas obras. Pero insistimos en que eso no basta. Si lo hiciera, qué clase de trabajo realizamos no haría ninguna diferencia con tal de que lo hiciéramos bien. Pero creemos que lo que uno hace en particular marca una profunda diferencia.

Otras religiones pueden demostrar piedad en las buenas obras. Lo singular de la religión bíblica es que se dirige al Dios que trabaja por el poder del Espíritu Santo, el mismo Espíritu que trajo a la existencia toda la creación y el potencial de lo que llamamos civilización. El Espíritu que nos llamó a la vida también nos llama a un propósito en la vida.

¿Qué quiere Dios?

Muchos cristianos quieren simplificar las cosas diciéndonos que lo único que necesitamos es descubrir individualmente la voluntad de Dios para nuestra vida y perseguirla, cualquiera que sea.

Ese tema nos resulta familiar. A nuestra temprana edad, la predicación y la enseñanza nos instaban reiteradamente a que pusiéramos la satisfacción de la voluntad de Dios como nuestra máxima prioridad. A eso le hallábamos cierto sentido; aun siendo niños podíamos entender que era posible complacer a Dios mediante la conducta obediente, de manera similar a como nuestra obediencia complacía a nuestros padres.

¿Quién podría rebatir esa idea? Sin embargo, el problema surge cuando vamos a la práctica. La mayoría de nosotros no tenemos visiones como la que tuvo el apóstol Pablo. No escuchamos claramente la voz de Dios dirigiéndonos. Si bien existe evidencia de que Dios ha llamado y dirigido a individuos a través de los siglos, a la mayoría nos cuesta mucho descubrir la voluntad de Dios para nuestra carrera y nuestro futuro.

Un hermano que confrontaba la dificultad tal vez estaba hablando por miles de cristianos:

> Mira, yo sé que debería seguir la voluntad de Dios. Aunque soy imperfecto, estoy seriamente comprometido con Cristo y no necesito que me convenzan de si debo descubrir su voluntad o no. Estoy sumamente deseoso de descubrirla más allá de lo que tengo que hacer y evitar en mi vida cotidiana. Resolvería una considerable cantidad de problemas si lo lograra. La dificultad radica en la indeterminación del plan de Dios para mi vida. Para ser franco, me asombra el juego que estamos jugando, en el que nos instan a buscar y seguir algo que parece totalmente oculto. ¿Por qué necesitamos convencer a Dios de que queremos que nuestra vida cristiana sea relevante? ¿Por qué él no puede darnos la pauta para que nosotros la llevemos a cabo? ¿Qué carrera debo seguir? ¿Qué se supone que debo hacer con mi vida? ¿Cuál es su voluntad?

PARTE II: DON DE DIOS

02

●●○

Comprender la voluntad de Dios

«¿Cuál es la voluntad de Dios para mi vida?» es una pregunta que se suele hacer con la esperanza de que la respuesta identifique una vocación específica. Dado que el trabajo y la vocación son el tema de este libro, los abordaremos en capítulos posteriores. Pero nuestro trabajo y nuestra vida serán mucho más enriquecidos si entendemos el *porqué* como también el *qué* de lo que deberíamos hacer con nuestra vida.

Si vamos a entender esto, necesitamos percibir más de la personalidad y el carácter de Dios. Enfoquémonos en la voluntad de Dios como expresión de sí mismo.

La voluntad de Dios como expresión de sí mismo

Por supuesto, antes de la creación, cuando lo único que había era Dios, la voluntad de Dios no estaba dirigida a nadie más que a él. En la sociedad de su propia Trinidad, él quería su propio bien. No tenía nada que ver con una elección entre lo bueno y lo malo. No había mal, así que no había necesidad de elegir. Si pudiéramos haber tenido contacto con su voluntad entonces, eso habría significado tocar el centro de la personalidad de Dios, la maravilla última de la vida misma.

Al plantear este punto, abrimos una gran cantidad de interrogantes que no podemos abordar aquí. Pero por lo menos podemos ver que la voluntad de Dios tiene más que ver con el ser y la vida de Dios que con tomar decisiones. Es solo cuando la voluntad de Dios aparece en la historia del ser humano que conlleva la necesidad de elegir entre la vida y la muerte, el bien y el mal.

En el destello de la creación, cuando se hizo posible concebir a alguien distinto a Dios, entonces se hizo posible elegir entre los dos. Y desde ese momento hasta ahora, la cuestión de la voluntad de Dios es una que implica la necesidad de elegir. Ahora se hace posible la obediencia.

Dios honra la obediencia, ya sea ardua y fiel o alegre. Esta última, sin embargo, incrementa la calidad de nuestra vida cristiana y además impresiona de modo más favorable a aquellos que la observan. Por tanto, en estas páginas pretendemos incentivar la obediencia alegre.

En contraste con la mirada de que la voluntad de Dios es una expresión de sí mismo, veamos otras dos caracterizaciones de Dios y su naturaleza que aparecen con frecuencia. A una la llamaremos «el Dios malhumorado», y a la otra, «el Dios dictador». Ambas provienen de un error común que la humanidad ha cometido reiteradamente, a saber, atribuirle a la naturaleza de Dios distorsiones de nuestra propia naturaleza. La adoración de semejante dios fabricado es una forma de idolatría, y todos somos culpables de ello en cierta medida.

El Dios malhumorado

En la primera mirada falsa, la voluntad de Dios se percibe como una expresión de estados de ánimo divinos pero pasajeros, especialmente en reacción a los empeños humanos, buenos o malos, pero especialmente los malos. Las personas que ven a Dios de esta manera esperan su ira ante el más mínimo error, y cuando las cosas salen mal dan por sentado que es una señal segura de la condenación de Dios. Tienden a olvidar que el cristiano no tiene una protección mágica contra las dificultades que todas las personas enfrentan. Ni siquiera Jesucristo la tuvo fácil, así que, ¿por qué íbamos a esperar estar exentos?

Como cristianos, los problemas a menudo se deben simplemente a que somos peregrinos en tierra extraña. No necesitamos culpar de ellos a un Dios impredecible. Esta impredecibilidad no se condice con la Escritura. El Dios de la Biblia no es malhumorado y ciertamente no es voluble. El apóstol Santiago describió a Dios como alguien que «no cambia como los astros ni se mueve como las sombras» (Stg 1:17). En el Antiguo Testamento también tenemos la sencilla declaración: «Yo, el Señor, no cambio» (Mal 3:6).

La verdad es que Dios es constante y confiable. Su constancia es una parte esencial de su naturaleza y justifica no solo la mera confianza, sino incluso la confianza incondicional. En él podemos hallar la seguridad última.

El Dios dictador

La otra imagen distorsionada de la voluntad de Dios surge de la perspectiva de que somos esclavos y Dios es un amo, a quien en ocasiones podríamos describir (si nos atrevemos) como tirano. La voluntad de Dios refleja una divina determinación de que todo sea a su manera. Sentimos que se nos exige que nos rindamos, porque, en última instancia, él va a ganar de todos modos. Él es más fuerte. Por cierto, hay verdad en la idea de que en última instancia Dios siempre gana, pero dado que él pretende nuestro bien último, podemos estar considerablemente felices al saber que él debe ganar. Pero si vemos nuestro rol en términos de una mera obediencia fatalista, distorsionamos la imagen que nos entrega la Escritura. En la Biblia, vemos que Dios interactúa con nosotros como socios y nos da poder para actuar enérgicamente como colaboradores proveyendo un medio para que nosotros cambiemos las circunstancias a través de la oración, el arrepentimiento, y el ejercicio de nuestros dones. Los siguientes son varios ejemplos de tales pasajes:

> Así que recomiendo, ante todo, que se hagan plegarias, oraciones, súplicas y acciones de gracias por todos (1Ti 2:1).
>
> La oración del justo es poderosa y eficaz (Stg 5:16).
>
> Si mi pueblo… se humilla y ora, y me busca y abandona su mala conducta, yo… perdonaré su pecado y restauraré su tierra (2Cr 7:14).

Queda claro que nuestra voluntad expresada en oración tiene un efecto real. Muchos sucesos bíblicos muestran que la voluntad de Dios y la voluntad humana producen un potente impacto mutuo en las situaciones. La cooperación de las voluntades divina y humana es una admirable combinación y ciertamente no sugiere que seamos lacayos que meramente llevan a cabo los deseos del patrón eterno. La voluntad de Dios ya entraña nuestro bien, y la obediencia a tal voluntad es cooperar con un inmenso poder determinado a bendecirnos. Dios invita nuestra participación. Las bendiciones no llegan por fortuna, sino por fe.

La voluntad de Dios es gozo

Ahora que tenemos un par de ejemplos de lo que la voluntad de Dios no es, veamos lo que sí es y digamos algo más acerca del gozo, la vida y la maravilla que trae la obediencia.

Una mirada sumamente útil de la voluntad de Dios se obtiene al comprender los relatos evangélicos acerca de Jesús. En todos los roles que Cristo desempeñó en la tierra, ya fuera como sanador, maestro, redentor o amigo, podemos identificarlo a él como la demostración última de la voluntad de Dios. Jesús fue a la vez el producto y el realizador —pero sobre todo el cumplidor— de la voluntad divina. Él dijo: «Porque he bajado del cielo no para hacer mi voluntad, sino la del que me envió» (Jn 6:38). El guion de la vida de Jesús, llamado «La voluntad del Padre», había sido escrito antes de su nacimiento, e incluía una muerte horrible.

¿Por qué Cristo aceptó la voluntad del Padre tan plenamente aun cuando le significaba un extraordinario dolor emocional y espiritual, así como tortura física? ¿Qué es lo que valía este costo? La respuesta está en las impactantes palabras de Hebreos 12:2: «Jesús… quien, por el gozo que le esperaba, soportó la cruz».

Jesús lo hizo (en parte al menos) por el gozo.

Es solo cuando vemos el desenlace de la historia que la trama cobra algún sentido. Si aislamos los sucesos en el Calvario del Cristo entronizado a la derecha del Padre, lo único que nos queda es una tragedia absurda. Si, no obstante, tomamos la perspectiva que tenía Cristo y fijamos la mirada en la meta última, cobramos ánimo para hacer la voluntad de Dios porque ello conducirá al gozo. Al igual que Jesús, descubriremos la realidad de la beatitud que espera al final de cualquier camino por el que nos envíe el Padre, sea difícil o no.

La voluntad de Dios es placer

A muchos cristianos los confunde el tema del placer. Son suspicaces, a pesar de que el antiguo catecismo señala que el fin principal del ser humano es conocer a Dios y *gozar* de él para siempre.

No obstante, uno puede entender la suspicacia del cristiano, porque Satanás ha atrapado a miles explotando el placer, y debemos ser cautelosos, no sea que también nosotros seamos engañados. Pero además necesitamos reparar en que la razón por la que tantos pueden ser atrapados por el placer es que los seres humanos estamos creados para el placer. Recordemos la afirmación de los salmos: «En Tu diestra hay deleites para siempre» (Sal 16:11 NBLA).

Al parecer no se puede estar en la presencia de Dios sin experimentar placer. Es un resultado natural de estar con él. Dios no solo ha incorporado en nosotros una profunda capacidad de experimentar placer ahora, sino que además expande esa capacidad para que podamos disfrutarlo a él para siempre. Mientras vivimos en la tierra, el placer se ve interrumpido frecuentemente por el dolor. Sin embargo, esa no será una condición permanente. Cuando estemos pasando por momentos de dolor, es bueno saber que en la eternidad no hay dolor.

En el libro *Cartas del diablo a su sobrino*, C. S. Lewis nos recordó que solo Dios es el autor del placer, y aunque Satanás lo explota para sus propios fines retorcidos, él no es capaz de crear ningún placer. De hecho, su único interés en el placer es como un señuelo, porque una vez que ocurre la captura, su intención es quitar rápidamente la satisfacción del placer y remplazarla por un deseo truncado.

El infierno claramente no es el lugar del placer y la satisfacción, pero el cielo lo es. Dios no tiene pleito con el placer mismo. Satanás lo tiene. La ira de Dios está dirigida hacia el placer deforme, hacia el placer arrebatado desestimando sus reglas, hacia el placer que en última instancia no puede ser placer.

Las reglas de Dios (la voluntad de Dios) no tienen el propósito de impedir el placer, sino de proteger nuestra capacidad para el placer. Perseguir el placer en nuestros propios términos y no los de él es jugar con el desastre. Ello nos excluirá de la final contemplación extática de Dios, cuyo conocimiento será el placer absoluto. Con esto no queremos decir meramente «conoce a Dios para que puedas conocer el placer». Lo que queremos decir es: «Conoce a Dios, pero entiende que no puedes hacerlo sin placer».

Un análisis del placer también es un buen lugar para considerar otra interesante imagen de la voluntad de Dios. Jesús dijo en Juan 4:34: «Mi alimento es hacer la voluntad del que me envió». Eso significa más que necesidad. La voluntad del Padre era le fuente última de vida para Jesús. Era su sustento, con el color, la textura y el sabor como los de la buena comida. Era tan sustancial como el pescado asado, tan sabrosa como una hogaza de pan, tan satisfactoria como un vaso de agua. Lo nutría y fortalecía, y deleitaba sus ojos.

La idea que proponemos no es una exageración. Revisa la naturaleza y el lugar del primer milagro de Jesús, su representación de sí mismo como pan y, en otro momento, como una bebida que satisface permanentemente. Considera la elevación final del pan y el vino como emblemas de su vida e historia; anticipa la boda del Cordero. En todos estos casos podemos ver una notable transformación de la experiencia común de comer.

Hay un pequeño incidente en la vida de Jesús que podemos usar para realzar todo esto. En Juan 21, leemos acerca de una de las apariciones de Cristo después de la resurrección. Los compañeros de Jesús estaban pescando, y habían salido la noche anterior. Cuando Cristo apareció en la orilla, vio a sus amigos en su labor previa al desayuno. Jesús les gritó un consejo sobre pesca exitosa, y, previendo que pronto se acercarían, se preparó rápidamente para asar un poco de pescado. ¿Puedes imaginártelo recogiendo varas para encender un fuego y reservando algunas para ensartar el pescado? ¿Puedes ver su expresión mientras calcula cuánto tardará en tener el pescado asado en su punto más sabroso cuando el bote llegue a la orilla? ¿Puedes percibir su expectativa del placer de los pescadores cuando ellos, tras comenzar el día remando y arrastrando redes, se den cuenta de que el desayuno está listo? ¿Puedes verlos reunidos en torno a la fogata, compartiendo con entusiasmo grandes bocados de jugoso pescado fresco y el deleite de Jesús por el éxito de su preparación?

Este es Aquel que había hablado sobre la voluntad del Padre como la comida que lo sustentaba. No era una imagen abstracta; provenía de la experiencia cotidiana, y por tanto puede apelar a todos nosotros.

Al menos tres veces al día, cada día, tenemos un recordatorio de cómo es la voluntad de Dios.

David, un poeta ancestro de Jesús, también concibió la voluntad de Dios en términos de comida. Escribió que ella era «más dulce que la miel, la miel que destila del panal» (Sal 19:10).

¿A qué se debe el entusiasmo?

En tiempos del Antiguo Testamento, la expresión primordial de la voluntad de Dios era la ley como había sido dada a Moisés. La ley les daba forma a la sociedad y las relaciones familiares, al gobierno y la moralidad. Ella definía lo bueno y lo malo. David entendía la magnitud de esta bendición fundacional y cómo ella le otorgaba sentido a su cultura y su vida, así que cantaba su descripción como dulce miel dorada y fluyente. ¿Cuánto más deberían los cristianos deleitarse en la voluntad de Dios como ahora ha sido revelada en Jesucristo, una revelación mucho más dulce? Podemos participar alegres en la respuesta de Cristo a la voluntad del Padre y deleitarnos en su manifestación, especialmente dado que ella nos alza en su intención de llevarnos a la fuente de todo placer.

La voluntad de Dios es la belleza

En algún momento de la infancia, tal vez hayas leído una historia acerca de un personaje cascarrabias que intenta sin éxito que el héroe haga algo. Ningún argumento logra persuadirlo hasta que una bella damisela (habitualmente la hija del gruñón) intercede, sonríe cándidamente, y hace la misma petición, pero con resultados espectaculares. La belleza conquista, ¡y el héroe emprende su tarea!

¿Por qué el cristiano procura conocer la voluntad de Dios para su vida? ¿Por qué se ve obligado? ¿Nada más tiene sentido? ¿Es peligroso no hacerlo? Estas tres son buenas razones, y debemos señalar su validez. Sin embargo, sobre ellas canta la sublime voz de la belleza última y admirable. Podemos ser seducidos a la acción por un Rey cuyos siervos entregan voluntariamente sus vidas con el fin de contemplar eternamente el rostro de *él*, escuchando la voz de *su* aprobación. Es casi un impulso erótico como el que se expresa en al Cantar de Salomón: «¡La voz de mi amado! ¡Mírenlo, aquí viene!, saltando por las colinas, brincando por las montañas» (2:8). Si quieres sobrevivir a la batalla, si quieres llegar hasta el final, sé poseído por, enamórate de, déjate cautivar por la belleza del Rey supremo.

Escribir acerca de la belleza de Dios por supuesto no implica decirlo todo acerca de Dios, pero sí nos orienta hacia la fuente de una fuerza potentísima y motivadora. Aunque el temor del juicio de Dios es un hecho innegable de nuestra existencia, somos psicológicamente incapaces de mantener una respuesta emocional sostenida a ese hecho. La belleza de Dios, por mucho que pueda variar su expresión, es una habitación correcta y continua para nuestro corazón y voluntad.

Finalmente, consideremos el universo que es producto de la voluntad de Dios. ¿Es acaso una sorpresa que aquel sea bello a nuestros ojos y nuestra mente? Si hay algún atractivo en la forma de los árboles, la figura de las montañas, el sonido de los arroyos; si hay una sensación de deleite en las estrellas, los cielos y el tiempo atmosférico, entonces tenemos evidencia de la belleza de Dios.

Ninguna obra de arte puede ser más grande que su creador. Un producto siempre debe ser menor que su fuente. El origen de una melodía es una persona, y esta siempre es más grande que la canción. Esto nos obliga a concluir, tras contemplar la belleza de la creación, que el Creador de semejante cosa debe ser más hermoso. Debe ser incomprensiblemente maravilloso de contemplar.

La belleza de Dios trasciende el silencio entre las hojas; la danza de las galaxias; la grandeza de los desiertos, montañas y océanos; la tersura de las manzanas en otoño; y todo lo que él ha hecho. La creación, aun en su estado caído, nos convence de la realidad de la belleza divina. Nos asegura que el resultado de nuestra disposición a abandonarnos a las intenciones de Dios solo puede ser una mayor belleza. Dios no hace movimientos desagraciados, y cuando somos abrazados individualmente por su voluntad, descubrimos que nuestra vida se ha enriquecido, que nuestro anterior vacío ahora está lleno de gracia.

03

●●○

Responder a la voluntad de Dios

Lo que pensamos acerca de la voluntad de Dios marca una diferencia. Lo que hacemos en respuesta a ella también es importante. La voluntad de Dios es por naturaleza aquello que requiere una respuesta.

En la esfera celestial, la respuesta a la voluntad de Dios es esencialmente armoniosa y el resultado de una clara visión de Dios. En nuestro caso, a causa de la caída, aun cuando intentamos hacer la voluntad de Dios, no solo tenemos problemas para entender cuál es, sino que también tenemos dificultades para llevarla a cabo. No obstante, no quedamos abandonados a nuestra suerte. El Espíritu Santo trabaja en nuestro interior para producir una creciente comprensión que se aplica al proceso de toma de decisiones de cada cristiano. Su expresión varía de una persona a otra. Pero cabe hacer algunos comentarios generales acerca de la manera en que debemos responder a Dios que son ciertos para todos los cristianos.

Respuesta amorosa

Debemos responder a la voluntad de Dios con amor. Si consideramos el amor solo en términos de emoción, vamos a tener una gran dificultad, pues la mayoría de nosotros solo podemos mantener nuestra reacción emocional a Dios durante breves periodos, y luego quizá solo cuando se da el caso de que las circunstancias estimulan y sustentan esos sentimientos. Tal vez pasemos por un momento de oración especialmente significativo, o un inspirador culto de adoración, o tal vez hayamos respondido a una expresión particularmente bella de la creación de Dios. Cualquiera de estas experiencias puede estimular una genuina apreciación emocional del involucramiento de Dios con nosotros o simplemente de la maravilla de lo que él es en sí mismo. Estos son buenos momentos y se deben apreciar, pero son temporales y están en contraste con la mayor parte de nuestras experiencias de vida.

Cuando enseñaba cómo responder al Padre, Jesús refirió a la Escritura: «Deben amar al Señor su Dios con todo su corazón, su alma y sus fuerzas». Él estaba usando Deuteronomio 6 como su fuente. Cuando estudiamos ese capítulo, descubrimos que no solo se nos llama a amar, sino también a servir y obedecer. Eso indica el equilibrio que se debe procurar al amar a Dios. Por un lado, estamos tratando con sentimientos, emociones, espíritu, entusiasmo, y afectos. Por otro lado, necesitamos obediencia, trabajo, servicio, y conducta. Lo primero tiene que ver con nuestra pasión por Dios; lo segundo con nuestras acciones ante Dios.

Con todo tu corazón

Cuando Jesús habló de amor, habló de intensos sentimientos y en términos de poder. No hay forma de eludir las energéticas palabras que adornan la Escritura: *gloria, vida, vida abundante, maravilla,* y *gozo* son solo algunas que son comunes.

Tampoco es posible escapar del contraste con las realidades de la vida cotidiana, donde las palabras *monótono, marchito, aburrido* y *mediocre* a menudo están justificadas. Estas últimas cualidades se pueden esperar en la vida de los incrédulos que están separados de la fuente de vida y por tanto la vida les parece opaca. Podemos entender su búsqueda de pastos más verdes, mejores empleos, más éxito, más dinero, y más escape, pues ningún logro es capaz de satisfacer por mucho tiempo. No sorprende que para ellos el estímulo o escape artificial se vuelva algo común. El entretenimiento se vuelve un interés fundamental, y la búsqueda de «diversión» una necesidad.

Sin embargo, si encontramos a los cristianos buscando los mismos placeres —pero, desde luego, en el contexto de la cultura cristiana—, los observadores podrían preguntarse si la iglesia ha adoptado una hueca ilusión en el evangelio. Una iglesia atrapada en el espíritu del mundo publicitario y el negocio del espectáculo apenas si puede ser considerada como una expresión dinámica de la voluntad de Dios. Le preocupan las apariencias y no reconoce que la gloria del cristiano proviene del interior.

Como cristianos, debemos rechazar la versión mundana de la vida y las imitaciones que aparecen en la iglesia. Aunque somos miembros de un reino eterno, no buscamos las apariencias externas del esplendor de ese reino. Este está escondido dentro de nosotros.

Hijos del Rey

A pesar de las apariencias, somos realeza; somos hijos del Rey celestial. Mientras permanecemos en este mundo, temporalmente separados del reino que es nuestro hogar, nuestros vecinos no ven vestidos reales ni ostentación de nuestra riqueza. No obstante, somos príncipes y princesas del reino.

> El Espíritu mismo da testimonio juntamente con nuestro espíritu de que somos hijos de Dios. Y si somos hijos, también somos herederos: herederos de Dios y coherederos con Cristo, si es que padecemos juntamente con él, para que juntamente con él seamos glorificados (Ro 8:16-17 RVA).

Un esplendor no revelado nos ha abrazado. Es realidad. Era realidad cuando se escribió el pasaje anterior, y es realidad hoy.

En el mundo tal vez parezcamos insignificantes y desconocidos. Tal vez parezcamos irrelevantes desde el punto de vista de casi cualquiera. Por este motivo, tal vez nos cueste ver dónde está el esplendor, especialmente si estamos pasando por circunstancias difíciles. Dado que sabemos que somos hijos de Dios, no podemos concordar con la manera en que nos ven los demás. Tal vez la vista diga que somos de escaso valor. La percepción espiritual dirá lo contrario. La fe dice que somos herederos de Dios junto con Jesucristo. Hemos sido nombrados y llamados por Dios.

> Por tanto, no nos desanimamos. Al contrario, aunque por fuera nos vamos desgastando, por dentro nos vamos renovando día tras día. Pues los sufrimientos ligeros y efímeros que ahora padecemos producen una gloria eterna que vale muchísimo más que todo sufrimiento. Así que no nos fijamos en lo visible, sino en lo invisible, ya que lo que se ve es pasajero, mientras que lo que no se ve es eterno (2Co 4:16-18).

Con la mirada fija en lo que no se ve, podemos ver lo visible de nuestra vida cotidiana con una actitud diferente. En el fervor de nuestro amor a Dios, podemos creer que él transforma el significado de nuestras acciones diarias.

Cuando eso ocurre, podemos volvernos entusiastas acerca de Dios. En lugar de reaccionar a él con devoción religiosa, es posible que descubramos una capacidad para la pasión centrada en Dios.

Solo Dios es realidad. La respuesta apasionada a Dios solo es posible cuando vivimos conscientes de la realidad, conscientes de lo que efectivamente está sucediendo, no preocupados por las ilusiones de las apariencias. El cristiano debería interpretar las apariencias de las cosas conforme a la realidad, no viceversa. Necesitamos renovar nuestra visión. Nuestra vista debe ser formada por las realidades de la fe para que veamos las cosas dispuestas según el propósito de Dios para el bien último; para ver las cosas, los objetos y las personas en el contexto de la obra dramática que Dios está llevando a cabo. De lo contrario, incluso la belleza del mundo tendrá un efecto pasajero.

El entusiasmo de Dios por ti

En nuestro primer encuentro con Dios en la conversión, tal vez hayamos estado confundidos en nuestra preocupación por nuestro pecado y desesperanza, por lo cual no percibimos otra cosa que la idea de que Dios se nos acercaba y nos amaba. Cuando comenzamos a crecer como cristianos, nos dimos cuenta de que Dios tenía un interés más que casual en nosotros. Él no estaba meramente ayudándonos. Él estaba de nuestro lado, y estaba entusiasta por nosotros.

Mira esta admirable joya de un pasaje de Jeremías 20:11a: «El Señor está conmigo como campeón temible» (NBLA).

La tenacidad de la palabra *temible* es impresionante. La pasión divina se extiende a través de los siglos desde entonces hasta ahora. Dios ha hablado, ha actuado, y nos está atrayendo hacia su reino. Por qué lo hace es algo que escapa a nuestro conocimiento. Lo único que podemos decir es que tiene algo que ver con su carácter impredecible (pero no inconsecuente). Él no tiene necesidad de nosotros, pero nos quiere.

Ciertamente él no requiere de nuestra compañía, así que no osemos ser remilgados. Esta no es la trama de algún amorío delicado. Este es el Dios que derribó el muro divisorio entre él y nosotros, a quien le ha costado sangre y quien de alguna forma entró en lugares de horror para efectuar la reconciliación con nosotros a un precio atroz. No queda más extensión posible; él ha hecho el movimiento último, y no es posible dar pasos adicionales.

Este Dios puede sacudirnos del letargo de la vida y el amor ordinarios para despertarnos a posibilidades emocionantes; posibilidades que están cercanas, no las metas imposibles de un ensueño.

Pero hay más. Es realmente una maravilla descubrir que el Creador del universo, el Autor de todas las cosas, el Absoluto te ama y ha manipulado tu historia para que puedas conocer esa verdad. Pero cuando uno mira y descubre que Aquel que nos ama es extraordinariamente hermoso, infinitamente apuesto, nuestra situación es nada menos que asombrosa. El día ordinario se vuelve extraordinario, porque es uno en una cadena de días que lo conducirán a uno al lugar donde no solo puede contemplar insaciablemente esa belleza, sino además sumergirse y volverse uno con ella.

Si quieres un retrato escritural del escenario, sumérgete en la poesía del Cantar de los Cantares. Es una excelente muestra de pasión, y en el espíritu de sus versos respalda la esencia de lo que estamos diciendo aquí. Todas las interpretaciones densas que se le han aplicado a ese libro no logran opacar la nítida y exquisita imagen de un amante apasionado que anhela al otro.

Si bien es fundamentalmente un poema romántico de amor, también se lo considera como una muestra de lo que Dios siente por la iglesia, ejemplificada por todos los individuos en el poema. Podemos concluir que, si Dios efectivamente nos ama con tal pasión, eso es una maravilla que no puede dejarnos indiferentes.

Representar el amor a Dios

El amor apasionado, ya sea maternal o erótico, habitualmente conduce a algún tipo de expresión. El amor que nunca se demuestra es un amor incompleto. Un ejemplo obvio de amor consumado es el amor erótico, el cual se expresa en el acto sexual. Pero en todos los amores está el deseo de hacer algo por alguien. «Ojalá pudiera hacer algo por ella». «Quiero hacer algo por él». Los amigos quieren «hacer algo juntos». Estas afirmaciones nos resultan conocidas, porque son básicas del afecto cariñoso y preocupado.

En nuestras relaciones con otras personas, seleccionamos solo ciertos actos como expresiones de amor. Suelen ser actos determinados por las necesidades de la persona amada (o al menos son actos a los que el amado va a responder). No obstante, en el amor a Dios, no hay actos que podamos dirigir a sus necesidades, porque Dios por naturaleza no tiene necesidades. Los actos que podemos dirigir a él se basan en otra clase de relación, la de la criatura con el Creador.

Agradamos a Dios cuando actuamos de la manera para la que fuimos creados, cuando somos aquello que Dios pretendía que fuéramos. Cuando tales acciones se realizan con la intención de ser expresiones de amor a él, efectivamente se convierten en expresiones de amor a él.

Una metáfora del arte

El deleite de Dios en su creación se puede comparar con el deleite de un escultor en su escultura. A medida que la obra se acerca paulatinamente a la intención del artista, más deleita a su autor y se vuelve más vital. En tu imaginación, impártele libre albedrío a la escultura y ve lo maravillosa que se vuelve la voluntaria cooperación de la escultura con la intención del artista. A la inversa, imagina lo horrible que sería si la escultura rehusara llegar a ser lo que el artista pretende, especialmente considerando que no tiene la capacidad de diseñarse o formarse a sí misma. Su única posibilidad de ser está en las manos del escultor. No cooperar con las intenciones del artista es negar su existencia como arte. Es negarse a sí misma.

La relación complementaria entre Dios y el ser humano, escultor y escultura, se puede ilustrar de otra forma en la relación del esposo y la esposa. En la sexualidad, lo masculino se descubre en la feminidad, lo femenino en la masculinidad. El hombre y la mujer descubren sus respectivas naturalezas, no en sí mismos, sino cada uno en el otro. Por lo tanto, descubrimos nuestra condición de criaturas, nuestro ser, en el Creador, y así él se reconoce como Creador en nosotros.

Sin embargo, debe mantenerse una diferencia. Puesto que somos creados, solo podemos descubrir la totalidad de nuestra naturaleza en él. Él, por otro lado, al ser increado y autosuficiente, no nos necesita para descubrir la plenitud de su naturaleza. Él se conoce plenamente a sí mismo en la Trinidad, una sociedad eterna que se refleja a sí misma.

Honrar a Dios en los actos ordinarios

Entender que las acciones pueden ser expresiones de amor a Dios, pues ellas expresan nuestra naturaleza creada, nos permite entender también que, exceptuando las actividades pecaminosas, *todos los actos son potencialmente útiles para demostrar nuestro amor a Dios.*

La mayoría de las actividades son bastante ordinarias y son comunes a las personas de todo el mundo, especialmente las cosas necesarias que hacemos para sobrevivir, tales como comer y beber. La Escritura enseña que, para el cristiano, los actos ordinarios en realidad son bastante especiales. Pueden ser llevados a cabo de tal manera, con tal actitud, que efectivamente honran a Dios. El apóstol Pablo nos lo enseñó en 1 Corintios 10:31, donde señaló: «Ya sea que coman o beban o hagan cualquier otra cosa, háganlo todo para la gloria de Dios».

En este versículo, lo rutinario es absorbido por lo sublime. Lo ordinario se convierte en el sustento de la adoración. Un hombre puede sentarse a la mesa y celebrar con su familia, usando platos y utensilios, consciente de quién creó las cosas, disfrutando el sabor y el sustento de la comida, conociendo al inventor del gusto y de la existencia. Puede hacer lo mismo con las labores domésticas ocasionales, o al jugar.

La mente moderna ha sido tan secular en su pensamiento del día a día que incluso aquellos que son relativamente sensibles a las cosas espirituales no logran captar el testimonio de Dios que está en todo lo que nos rodea. El resultado es que algunas porciones del Antiguo Testamento parecen curiosidades arcaicas y no logran abrir nuestros ojos a la gloria. Considera el siguiente verso como ejemplo: «Ustedes saldrán con alegría y serán guiados en paz. A su paso, las montañas y las colinas prorrumpirán en gritos de júbilo y aplaudirán todos los árboles del bosque» (Is 55:12). Las montañas gritando y los árboles aplaudiendo son expresiones poéticas, sin duda, pero ¿expresiones poéticas de qué? ¿Nada menos que de la creación alabando al Creador? ¿Cómo? En tanto que cada elemento de la creación —animal, vegetal, mineral— sea aquello para lo que fue hecho.

Honramos a Dios cuando demostramos nuestra condición de criaturas, haciendo aquello para lo cual, como seres humanos, él nos ha capacitado. Esto se puede expresar en lo habitual. Se puede demostrar en algo extraordinario. Cuál de estas formas sea, a Dios no le importa en absoluto. Lo que sí importa es que seamos aquello que se pretendía que fuéramos como descendientes de Adán.

Si los órdenes más bajos de la creación alaban a Dios en sus propias naturalezas, ¿cuánto más debería hacerlo el ser humano, el nivel más elevado de la creación?

Dado que el ser humano es una criatura caída, no solo se le ha impedido ver el continuo de alabanza que brota del universo entero, sino que además ha perdido el puesto principal en ese potente coro.

Jesús mismo conocía el Salmo 104 en su entrada triunfal en Jerusalén, cuando vemos al hombre y la creación llegando a lo más cercano de tener al Señor como Rey terrenal. Él acalló las quejas de los fariseos con la afirmación de que, si los hombres no alababan, las mismísimas piedras aclamarían en alabanza (ver Lucas 19:40). Él pudo haber estado pensando también en estos versos del Salmo 148:

> Alábenlo, sol y luna,
> alábenlo, estrellas luminosas.
> Alábenlo ustedes, altísimos cielos,
> y ustedes, las aguas que están sobre los cielos…
> los montes y las colinas,
> los árboles frutales y todos los cedros,
> los animales salvajes y los domésticos,
> los reptiles y las aves,
> los reyes de la tierra y todas las naciones,
> los príncipes y los gobernantes de la tierra,
> los jóvenes y las jóvenes,
> los ancianos y los niños.
> Alaben el nombre del Señor.
> (vv. 3-4, 9-13)

El ser humano alaba a Dios no solo en el ritual, sino también en su trabajo. En el Salmo 104 antes mencionado, descubrimos una imagen de un Dios que se viste y hace su morada en la naturaleza. La naturaleza incluye los vientos y las nubes en su sitio, las plantas y animales en su sitio, y el ser humano en su sitio. En el verso 23, ¡se ilustra al ser humano ocupando su lugar en la creación al salir a trabajar!

Ecología divina

Cuando el ser humano ocupa su puesto apropiado en la creación, la ecología divina toma su lugar y la alabanza emerge naturalmente. La aptitud se manifiesta luego en el trabajo y el juego. Puede acontecer en una ventanilla de boletos o de ventas, en un restaurante, o en el correo. Aun si el agente no es cristiano, si está haciendo aquello para lo que está dotado, demuestra cómo se debe hacer (ver Salmo 68:18-19).

La incompetencia que vemos en todas partes no se debe a que las personas carezcan de dones, sino a que no están en el lugar apropiado para sus dones. No están siendo mayordomos de lo que Dios les ha concedido. Hay muchísimos dones para hacer todo el trabajo que se necesita hacer en todas partes y para hacerlo gloriosamente bien; tan bien, de hecho, que la gente pasaría de un día a otro alegrándose por lo mucho que se logró y por lo bien que se logró. Pero los sistemas del mundo, corrompidos por el pecado del ser humano, ponen enormes obstáculos en el camino de cada persona que intenta hallar su lugar correcto en la creación. Tales sistemas suponen que las personas y la creación no son más que combustible para sus intenciones.

En resumen, la mayoría de los cristianos y también no cristianos no entienden lo que un empleo significa y no pueden dirigirse al mundo respecto al asunto del extendido despilfarro de recursos humanos. En consecuencia, no pueden marcar una diferencia redentora. Están impedidos de la plena visión de la adoración mediante el trabajo. Ellos ven pasajes tales como «aplaudirán todos los árboles del bosque» como singularidades poéticas judías que no tienen relación con las oficinas de luz fluorescente de las grandes corporaciones y los pormenores diarios de cualquier labor.

El resultado es que demasiados cristianos realizan trabajos incompetentes de segunda categoría, remplazando el mandato bíblico de redimir el tiempo por una intención de «dedicar algún tiempo», un resultado insatisfactorio para el mundo y para el reino.

¿Cuál sería el impacto de una iglesia cuyos miembros individuales conocieran su lugar de trabajo apropiado en un mundo donde la mayoría de los trabajadores están desadaptados? ¿Con qué clase de autoridad habla el cristiano cuando conoce su lugar en el diseño del universo? ¿Cómo se visualizaría la educación cristiana si efectivamente les brindara a los jóvenes una comprensión de sus dones específicos y los capacitara de acuerdo con ello?

04

●●○

El trabajo: Idea de Dios

Los griegos de los tiempos del Antiguo Testamento, quienes relegaban el trabajo físico a los esclavos y otra gente inferior, deben haber quedado pasmados al enterarse de que el Dios de los judíos de hecho trabajaba. Qué curioso tener una historia de Jehová quien trabajó en la creación durante seis días y descansó solo uno (ver Gn 2:2). ¡Qué curiosa distribución del tiempo atribuida a la divinidad!

El hecho de que Dios trabajó es un buen lugar para que nosotros, que estamos hechos a su imagen, descubramos qué significa realmente el trabajo. ¿Por qué trabajaría Dios?

Hay quienes responderían que Dios tuvo que trabajar para crear, y tuvo que crear para superar su soledad. Aquellos cristianos, quienes deberían tener un mejor conocimiento, escriben sobre la creación como si para Dios fuera una necesidad crear, como si ello le diera un propósito. Ellos proponen, además, que Dios es amor, y ese amor requiere un objeto, así que Dios creó al ser humano para que fuera el objeto de su amor.

¡Qué terrible idea, un Dios solitario!

Un Dios solitario es un dios incompleto, un dios necesitado, un dios que depende de nuestra existencia y, por lo tanto, imperfecto y no es Dios en absoluto. Cualquiera que adore un dios como ese adora una creación del orgullo humano. Considera la infinitud de Dios y trata de reconciliar esa realidad con el destello que llamamos tiempo. ¿Qué habrá hecho Dios «antes» de la creación del tiempo y la llegada del ser humano si él nos necesitaba? Si, además, entendemos que el «tiempo anterior» es eterno, toda la idea parece absurda.

Autosuficiencia de Dios

El Dios de la Biblia es eternamente autosuficiente. Él disfruta de la sociedad de su propia Trinidad y no tiene necesidad de otra. Nosotros necesitamos a los demás porque por naturaleza somos dependientes y no podemos existir por nuestra cuenta. Comenzamos la vida desvalidos, necesitando que nuestros padres nos provean. Como adultos, necesitamos las habilidades de los demás para que provean lo que nosotros no podemos. Psicológicamente, necesitamos a los demás para la socialización, sin la cual no podemos descubrir plenamente nuestra propia identidad.

En nuestra relación con Dios, nosotros lo necesitamos a él, pero él no nos necesita. Nuestro amor por él es el camino a la sobrevivencia, pero su amor por nosotros es dado gratuitamente. Él no obtiene ningún beneficio de nuestro amor. Aun nuestra gratitud y alabanza no le añaden nada a Dios. Él nos incentiva a adorar por nuestro bien, para que adquiramos una adecuada perspectiva al volvernos de nuestra mirada limitada para considerar la fuente de toda vida, bendición y poder. Cuando hemos celebrado y adorado a Dios, volvemos a nuestras labores y problemas con un espíritu renovado y una perspectiva realista. Adorar es ver la manera en que las cosas realmente son. Nunca implica añadirle a Dios, pues eso es absolutamente imposible. Dios es todo en todos y no un total al cual se le pueda sumar cualquier cosa. Él es completo en sí mismo.

Dios no trabajó en la creación del universo para satisfacer una necesidad en él. La palabra «necesidad» o cualquier otra que sugiera una carencia atribuida a Dios es ridícula.

¿Qué, pues, haremos con el trabajo de Dios? ¿Cómo podemos explicar la creación si Dios no requería de ella? El acto de la creación y la realidad de la autosuficiencia de Dios son irreconciliables, así que debemos aceptar una paradoja. Podemos decir algo (aunque no una respuesta cabal) que sí tiene sentido para nuestra intuición espiritual.

Creemos que la creación se debe a la exuberancia de Dios. Su obra es un gesto divino que refleja una naturaleza profusa. No tiene ningún propósito relacionado con satisfacer una necesidad en Dios, sino que es un placer para él. El hecho de que la creación sea para el placer de Dios no disminuye su valor. La creación está colmada de significado, pues Dios mismo ha soplado en nuestro ser la vitalidad de su propia vida. Los corredores del tiempo resuenan con las consecuencias de Génesis. Hemos nacido a la significación. Esa es la creación.

La obra de la creación de Dios es un canto que él trae a la existencia cantando. La creación es una obra de arte que no se necesita, pero es mejor para ser. No le añade nada a Dios, pues añadirle a Dios está fuera del ámbito de la posibilidad, pero él se complace en ella. Por lo tanto, diríamos con los veinticuatro ancianos de Apocalipsis 4:11: «Digno eres, Señor y Dios nuestro, de recibir la gloria, la honra y el poder, porque tú creaste todas las cosas; por tu voluntad existen y fueron creadas».

Antes que Dios lo creara, no había ausencia del universo. Algo que no existe no puede estar ausente. Antes del acto de creación de Dios, no había necesidad del universo. No obstante, en su abundancia, en su gozo, Dios trabajó; y el trabajo resultante, aunque no es necesario, tiene significancia inmediata.

El trabajo de Dios: Expresión de su ser

Así como una pintura expresa algo de la naturaleza del artista que la creó, así también el universo expresa la naturaleza de Dios. Al describir la divinidad de Jesucristo, el siguiente pasaje de la Escritura vincula la naturaleza de Dios con la de la creación.

> Él es la imagen del Dios invisible, el primogénito de toda creación, porque por medio de él fueron creadas todas las cosas en el cielo y en la tierra, visibles e invisibles, sean tronos, poderes, principados o autoridades: todo ha sido creado por medio de él y para él. Él es anterior a todas las cosas, que por medio de él forman un todo coherente (Col 1:15-17).

De esta manera vemos el trabajo de la creación, una expresión del ser de Dios. Eso nos lleva a la siguiente pregunta, sobre si esto también es cierto del ser humano. ¿El trabajo del ser humano expresa su ser? Uno sospecharía que sí, basados en el hecho de que fuimos creados a imagen de Dios y se puede esperar que tengamos un paralelo con su ser. Pero tenemos un ejemplo concreto en Adán, pues él nos da una imagen del hombre antes de la caída.

Adán: Su ser, su trabajo

Adán. Podemos imaginarlo cuando abrió los ojos en los albores de su creación. Los primeros pensamientos que llenaron su consciencia fueron acerca de Aquel que sopló el aliento de vida en él. La criatura miró en el ser del Creador con ojos espirituales totalmente libres de la opacidad del pecado.

Adán vio en Dios una belleza tan radiante que el ser era en sí mismo un deleite pleno y suficiente. Desde nuestra perspectiva, él podría haber cuestionado su razón de ser, pero el objeto de su visión se autenticaba a sí mismo y la experiencia de Adán simultáneamente. Las preguntas acerca del significado y el propósito eran absurdas e inconcebibles en ese entonces. Él simplemente se deleitaba en ser.

¿Cómo se expresaba el ser de Adán? La respuesta es bastante clara en el libro de Génesis. «Dios el Señor tomó al hombre y lo puso en el jardín del Edén para que lo cultivara y lo cuidara» (Gn 2:15).

En este rol, Adán tomó su lugar específico en el orden interrelacionado de la creación. Había un lugar particular para él en el huerto. Él mantenía el orden y el equilibrio en Edén. ¡Él trabajaba! Aunque la labor de Adán tenía resultados prácticos, el significado último de lo que hacía estaba ligado al significado de la creación misma. La creación como obra de Dios expresa su ser. Para Adán, actuar y operar efectivamente era experimentar el significado de ser.

Adán se esforzaba con la continua consciencia de que había mirado a los ojos de Dios y como producto de la obra de Dios había llegado a conocer con qué espíritu, con qué gracia debía cultivar la tierra. Él sabía que los ojos del amor estaban sobre su labor. ¡Qué deleite debe haber sido para Adán cultivar la tierra para el placer de Dios! El placer de Dios era el placer de Adán, y ambos placeres se obtenían por medio del trabajo.

La maldición de la caída no es que tengamos que trabajar, sino que tengamos que trabajar con el sudor de la frente. El trabajo ya no es una pura expresión del ser; está contaminado con el laborioso requerimiento de hacernos cargo de nuestras necesidades físicas. Nos afanamos en las arduas labores y el salario, y existimos en una ceguera espiritual que nos impide la visión de la cual Adán estaba consciente en el huerto.

Al comparar la situación de Adán con la del cristiano contemporáneo, nos preguntamos si es posible que nosotros captemos la visión y el conocimiento. Ahora que hemos sido restaurados a la comunión con Dios, ¿puede nuestra labor diaria llegar a ser, en alguna medida, el equivalente del cultivo del huerto de Adán: un placer, un deleite, y significativa?

La Escritura proclama que la respuesta es sí, pero debemos ser realistas en nuestro entusiasmo. Adán estaba en un escenario que manifestaba constantemente la armonía de la creación de Dios. Adán también tenía los ojos espirituales para ver y conocer su lugar en la creación. Él sabía que el trabajo era bueno.

Nosotros estamos alienados de la creación de Dios y no conocemos nuestro lugar en ella. Estamos en una creación caída que no incentiva el optimismo acerca del valor del trabajo. Aquí es donde entra la fe y nos permite tener esperanza en nuestro lugar de trabajo. Es una cuestión de confiar en el mensaje del libro de Génesis, lo que aquí llamamos el Principio de Génesis.

El Principio de Génesis

El Principio de Génesis es la conclusión bíblica fundamental de que la creación es una buena obra, independientemente de lo que le sucedió finalmente con la caída del hombre. La declaración escritural de la opinión de Dios en el libro de Génesis es una actitud fundacional hacia la creación que nosotros los que hemos sido adoptados en la familia de Dios debemos compartir. Recuerda que Dios estaba haciendo su declaración positiva desde su perspectiva eterna. No estaba mirando un momento estático en la historia y dándole su aprobación, sino que estaba «anticipando» la posterior caída y restauración de la creación. Dios sabía, en aquellos brochazos gruesos con los que trajo a la existencia el tiempo, el espacio y la materia, que estos eran el escenario para el ser del hombre, quien caería tan desesperadamente bajo, aparentemente sin posibilidades de esperanza.

De aquella aparente tragedia, sin embargo, Dios tejió la salvación por gracia, en la cual el ser humano es llevado más allá del Edén para ser adoptado en la familia de Dios. Saber eso inspira adoración. También puede tener consecuencias prácticas en tanto que vivimos nuestra vida diaria en este mundo extraño; extraño porque es a la vez un lugar admirable y un lugar horrible.

El mundo está lleno de belleza, pero con terrible frecuencia las personas han deseado la muerte cuando las tragedias personales, la guerra o el hambre los han sobrepasado. Dolor y tristeza incomprensibles han acompañado la travesía del hombre a través de los siglos. El mundo puede ser una lóbrega morada.

¿Cómo vivimos razonablemente cuando el mundo nos empuja hacia una existencia esquizoide? ¿Cómo mantenemos el equilibrio en tales extremos terribles? Miles no pueden y millones siguen esforzándose, con la esperanza de que de alguna manera todo resultará bien.

Sin embargo, el cristiano tiene más que un vago optimismo en torno al cual abriga sus esperanzas. Él participa en la vida de Cristo, cuya experiencia de la tragedia sobrepasa la de cualquier otro ser humano. La vida en Cristo es una vida reconciliada en la que no permitimos que los problemas nos cieguen a la belleza y en la cual la belleza no nos distrae de vivir a través de las tristezas.

Así como Cristo soportó la cruz por causa del gozo que le esperaba, de igual manera nosotros debemos soportar nuestras pruebas. Dios nos libre de un pietismo distorsionado que nos quiera hacer complacernos en el dolor. Pero lidiemos con el dolor con un ojo en el final de la historia. Alegrémonos en la victoria final que es nuestra aun cuando estamos en la batalla.

El Principio de Génesis dibuja una sonrisa en los labios del cristiano mientras enfrenta su trabajo y la cultura, conociendo *su lugar en ellos.* Posibilita la apreciación del trabajo y la cultura como invenciones de Dios. Le permite al cristiano mirar la distorsión que Lucifer ha causado en el trabajo y la cultura con el conocimiento de que Dios anticipó tal perversión en Génesis y planificó la redención. Este conocimiento le permite a cada individuo tomar su lugar en la creación y llegar a ser aquello que Dios pretendía que fuera a pesar de todas las dificultades. Dios mismo está detrás de esa intención creativa para cada uno de nosotros. Debemos alinearnos con su propósito creativo y utilizar las habilidades que él nos ha dado. De esta forma nos convertimos en demostraciones vivientes de la creatividad de Dios, y nos ocupamos con confianza en los propósitos de Dios para el mundo.

05

●●○

Los dones de Dios para el pueblo de Dios

Tal como hizo con Adán, Dios capacita a toda la humanidad con dones en medidas y variedades inauditas con los cuales puede someter y ejercer dominio el mundo. Cuando estos dones se combinan con los roles adecuados, se produce un buen trabajo. Quien ha sido dotado con un don y lo utiliza para beneficio de los demás recibe la rica y profundamente satisfactoria recompensa que experimentan aquellos que dan de lo que Dios les ha dado.

Dios ha concedido los dones. No hay manera en que una persona que no tenga un don en particular pueda desarrollarlo por su cuenta. Los seres humanos solo pueden ejercer los dones que Dios les ha otorgado originalmente, y al hacerlo tienen la terrible alternativa de ejercerlos para bien o para mal. El ejercicio de esos dones hace posibles las civilizaciones y reinos, terrenales o celestiales.

> Tú has ascendido a lo alto, has llevado en cautividad a Tus cautivos; has recibido dones entre los hombres, y aun entre los rebeldes, para que el Señor Dios habite entre ellos. Bendito sea el Señor, que cada día lleva nuestra carga, el Dios que es nuestra salvación (Sal 68:18-19 NBLA).

Si examinamos la vida de personas famosas, cristianas y no cristianas, descubrimos que su éxito dependió del uso que hicieron de sus dones. Leonardo da Vinci, George Washington Carver, Martín Lutero, John D. Rockefeller, Thomas Edison, Thomas Jefferson, y Billy Graham, por nombrar solo algunos, todos ellos lograron lo que lograron mediante el uso de ciertos dones que poseían.

La mayoría de nosotros estamos prestos a afirmar ese principio en el caso de las «superestrellas», pero no estamos plenamente conscientes de que el mundo gira figurativamente en torno a *todos* los buenos dones dados al ser humano. Todo lo que viene a continuación solo ha sido posible gracias a que hombres y mujeres han usado los dones que se les había concedido: cada avance en el conocimiento; cada decisión sabia; cada invento; cada comunidad próspera; cada bello poema; cada cruzada justa; cada empresa rentable; cada pastel fastuoso; cada canción encantadora; cada concepto de comercialización efectivo; cada nueva herramienta; cada nuevo método; cada nuevo proceso; cada discurso conmovedor; cada récord mundial; cada venta ardua; cada bello jardín; cada diseño agradable; cada gol anotado; cada admirable pintura; cada documento legal importante; cada avance significativo en la civilización.

Revisa la biografía de cualquier chef, ejecutivo de negocios, revolucionario, químico, arquitecto, esquiador, jazzista, o ingeniero radioaficionado famoso, y encontrarás el mismo hecho: el desempeño sobresaliente se logró gracias a ciertos dones «naturales» que la persona poseía.

Lo que es cierto a nivel nacional es cierto dentro de tu provincia, donde la persona conocida por sus intricados tejidos artesanales, por ganar continuamente el premio a la mejor mermelada, por criar el mejor caballo, o por producir la mayor cosecha ha alcanzado el éxito gracias a ciertos dones especiales. Tal vez recuerdes de tu juventud que ciertos chicos eran estrellas en lenguaje o matemáticas; normalmente uno se llevaba todas las canicas; a uno siempre lo elegían para un cargo; otro era el máximo anotador, el más veloz en carrera, el mejor vestido, o el líder de la pandilla. Cada desempeño superlativo se basaba en dones.

Cualquiera que sea la comunidad donde uno vive, hay ciertas personas cuya contribución es sobresaliente y cuyos dones son evidentes: un entrenador, un doctor, un tendero, un director de coro, un señor que repara todo, una madre de seis excelentes muchachos, uno que maneja los asuntos de la comunidad, o la persona que siempre está ahí cuando se la necesita.

Dondequiera que uno trabaje, algunas personas destacan. Ciertas personas parecen muy talentosas para vender, reducir costos, administrar la compañía, poner planes en marcha, u operar una tienda bien organizada. Hay ciertas personas a las que uno acude cuando tiene un trabajo con una tolerancia especialmente reducida, cuando uno necesita a alguien que se encargue de los trámites burocráticos, o cuando hay que asegurarse de que no haya ningún cabo suelto. Todos estos son estrellas en su propio mundo y les va bien a causa de sus dones.

Organizaciones exitosas basadas en los dones de sus miembros

Al pasar del individuo a la organización, vemos que rige el mismo principio. Las organizaciones exitosas lo son gracias al ejercicio de los dones que poseen ciertos empleados. Ya sea que el resultado final sean las utilidades o una misión cumplida, el principio es el mismo.

¿Por qué supones que determinada organización destaca por su servicio, otra por la excelencia e integridad de su producto, y otra por sus relaciones laborales? La razón son las personas dotadas para lo que hacen.

Por qué un departamento en particular bulle en silenciosa eficiencia, por qué el territorio de ventas del noreste siempre lidera el país, por qué ciertos productos son solicitados, por qué la entrada de una organización a nuevos mercados es tan oportuna y bien planificada; todo esto se puede rastrear hasta ciertas personas dotadas en empleos adecuados para esos dones.

Al mirar detrás del velo organizacional, vemos a la persona que siempre cumple con los plazos, al que constantemente genera acción, el supervisor que se mueve como un gran general en una emergencia, y el líder sindical en quien ambas partes confían y a quien escuchan.

El lugar más familiar es el hogar. Las complejas y exigentes labores de esposa, madre, consejera, organizadora, chef, servidora, mecánica de mantenimiento, gerente, decoradora de interiores, y ejecutora de disciplina no encuentran dones correspondientes en una sola persona. Pero si uno o más de esas tareas se realizan adecuadamente, están involucrados los dones de Dios, y en esa área la mujer experimenta profunda alegría en su trabajo. Lo mismo es cierto para cualquier hombre que asuma un rol similar en el hogar.

Lo que es cierto respecto de la fábrica, el banco, la escuela, o el hogar exitosos también es cierto respecto de la iglesia exitosa. Independientemente de cómo se mida ese éxito, a la iglesia exitosa le va bien gracias a los dones concedidos por Dios que están ubicados apropiadamente y funcionan debidamente.

La razón de nuestro redoblado énfasis en este punto es que esperamos descartar una visión distorsionada que la mayoría de los cristianos tienen acerca de las actividades mundanas de los negocios, la educación, las artes, y el ocio. Muchos cristianos creen que tales actividades son mundanas, en el sentido de que solo son el producto del esfuerzo humano. No sorprende que haya tanta culpa entre cristianos altamente comprometidos que con esa perspectiva deben concluir que solo las actividades relacionadas con el ministerio cristiano merecen nuestro interés.

Detrás de esta mirada distorsionada hay un error monumental, a saber, atribuirle al ser humano la capacidad de crear por sí mismo conceptos de organización, economía, ciencia, comunicación, y creatividad, como si estos no fueran descubrimientos de principios ordenados por Dios. La civilización solo es posible a causa de Dios, y ni en el más remoto sentido es un desarrollo independiente del ser humano.

El ser humano no puede desarrollar nada original. Debe usar lo que Dios ha provisto. Como se mostró antes, ni siquiera puede pecar sin usar un bien. Detrás de cada pecado hay un bien dado por Dios. La glotonería es una distorsión del placer de comer. Dios es quien inventó los sabores y la lengua para degustarlos. La fornicación es posible porque Dios creó el placer sexual y la fisiología para producir ese placer. El odio es posible a causa de los potenciales de las relaciones, las cuales sin duda tienen un origen divino. Nada de lo que hace el ser humano se puede hacer sin las capacidades físicas y mentales creadas por Dios, las cuales trabajan sobre conceptos o materiales también creados por Dios. (Esta verdad nos permite ver lo atroz que es el pecado realmente. Tomamos aquello que es bueno, verdadero y bello y lo pervertimos, luego lo entregamos a Satanás para que gobierne).

La civilización era el objetivo del Edén. Adán y Eva debían ser fructíferos, llenar la tierra y someterla (ver Gn 1:28), no simplemente continuar como custodios de una pequeña sociedad agraria. Ser fructíferos significaba el desarrollo de familias, tribus, países y jurisdicciones con el paso del tiempo. Eso, a su vez, requeriría métodos cada vez más sofisticados de comunicación, los cuales serían desarrollados por aquellos que tuvieran el don de tratar con símbolos y desarrollar las tecnologías requeridas como un avance paralelo.

Si no fuera por el orgullo humano y la subsecuente caída, estos descubrimientos se habrían realizado sin la agónicamente lenta progresión que ha caracterizado la historia de la humanidad desde el primer símbolo escrito a la eficiencia de la comunicación moderna. También se habrían realizado sin las imprecisiones e inadecuaciones que han plagado las comunicaciones durante siglos. Además, los descubrimientos no habrían tenido el potencial de ser usados para comunicar ideas malignas, o con fines bélicos. No obstante, el hecho de que las comunicaciones se usen de esta manera no nos permite decir que ellas sean malas en sí mismas.

Lo mismo se puede decir acerca de los negocios y la industria. No hace falta señalar los males evidentes que han surgido de ambos sectores. No obstante, esos males no emergen porque los negocios y la industria sean malos por naturaleza, sino porque los negocios pueden ser explotados al servicio de la codicia. Los negocios y la industria no producen codicia. Eso lo hace la naturaleza enferma del ser humano. Considera la belleza que habría si el hombre no caído operara negocios y empresas manufactureras. ¿Te imaginas la maravilla de la gente creando bellos productos con integridad de diseño y propósito, y luego esos productos distribuidos por medio de ingeniosos sistemas a todos aquellos que los necesiten? ¿Te imaginas a las personas involucradas en todas las fases de esas actividades haciendo aquello para lo que están dotadas bajo la autoridad de Dios?

El mundo tiene una escasa concepción de tales negocios, pero el cristiano debería tenerla. Y debería tomar su lugar en los actuales sistemas de negocios, industria, comunicación, ciencia, política, educación, etc., con el poder y la convicción que acompañan legítimamente a quien conoce a Dios y está armado con los dones de Dios para testificar de lo que debería suceder universalmente.

Observa la complejidad de la creación y ve cómo cada célula, microorganismo, planta y animal funciona en un sistema ecológico inmensamente intrincado. Aunque nos damos cuenta de que es una creación caída y que el cordero aún no se echa con el león, no permitimos que ese hecho aminore nuestra alabanza al Hacedor de tal obra admirable. Eso es evidente en los siglos de desbordamiento devocional cristiano y judío en el arte, la literatura y la música que han usado los temas de la naturaleza. Las montañas, los árboles, los pájaros, el cielo y las estrellas son parte de la celebración de la maravilla de la creación, *a pesar de que pertenecen a una creación caída.* Algún día será una creación redimida la que veremos. La esperanza en esa realidad sirve para realzar nuestra mirada de la naturaleza tal como se nos presenta ahora.

¿Por qué no tenemos la misma mirada de la civilización? ¿Por qué no suponemos que la nueva Jerusalén funcionará mediante el uso de dones, incluidos los de gobierno y administración? «¿Acaso no saben ustedes que los santos juzgarán al mundo?» (1Co 6:2 RVC).

El ser humano necesita los recursos materiales de la naturaleza para construir la civilización, para su bendición individual, y para llevar a cabo comunidades. Es por eso que creemos que el asunto del trabajo y el empleo apropiado es tan importante. Si la naturaleza no es irrelevante (y no vemos cómo el cristiano podría pensar que lo es), entonces todas las implicaciones que hemos deducido de ello nos exigen que creamos que la civilización tampoco lo es. Y si la civilización es importante, nuestro lugar en ella también lo es. Ese lugar es nuestro trabajo. No creemos que sea posible que los cristianos traten esto a la ligera sin disminuir seriamente el gozo personal y el testimonio cristiano.

Al ver el desastre vocacional que el mundo ha producido en tanto que tres o cuatro de cada cinco personas están en el empleo equivocado (según un estudio publicado por Marketing & Research Corp. de Princeton, NJ, en 1976), nosotros como cristianos debemos detestar cualquier posibilidad de que produzcamos el mismo fruto venenoso. ¡Qué importante campo misionero! Si quieres ver un arma potencialmente relevante para el bien en el reino de Dios, nos gustaría describirte a esa persona:

Es la persona cuyo trabajo se acomoda a sus dones y que demuestra la armonía entre persona y trabajo que Dios pretende para su pueblo.

Disfruta de su trabajo y puede hallar validación en él, y, en consecuencia, se vuelve atrayente para las personas a su alrededor.

Sabe que su don proviene del Señor y no es creación suya, así que muestra visiblemente la gracia de Dios en su vida y le da a Dios la alabanza.

Sabe que, aunque está trabajando para un negocio secular, los principios por los cuales ese negocio puede tener alguna cohesión son creación de Dios. Y sabe que toda la distorsión del propósito de Dios expresado por ese negocio en particular no puede opacar la realidad de que sin Dios no habría negocio.

No necesita reaccionar precipitadamente a las fluctuaciones del mercado y la economía, porque él está en las manos de Dios y Dios llevará a cabo sistemas que no sean pasajeros y que no se corrompan.

Muestra atisbos de su propósito último mediante una autoritativa demostración del significado que halla en su trabajo, en el tipo de día que tiene, con sus facultades, con un sentido de satisfacción.

Ignora los sistemas del mundo que querrían hacerlo tomar decisiones en su puesto de acuerdo con la manera en que esos sistemas miden la fama, el prestigio, el dinero y el éxito. No codicia aquello que no se condice con quien él es, aunque sea bueno para los demás.

Ha reflexionado sobre su lugar en su familia y en la sociedad, y es capaz de decir o mostrar quién es él. No desperdicia años tratando de descubrirse a sí mismo en vanos experimentos de carrera.

Asume las disciplinas de una mejor destreza, ya sea mediante cursos, estudio, o práctica.

Sabe que Dios tiene sus ojos en su trabajo.

Está visiblemente tranquila en medio de cualquier tormenta a su alrededor.

Hace alianza con productos o servicios de integridad.

Alienta a otros allí donde producen excelencia.

Mide el éxito, no según lo alto o bajo que está en cuanto a posición, sino según lo bien que realiza el trabajo para el cual está dotada.

A diferencia del gozo pasajero que experimenta quien no conoce al Señor, el cristiano puede abordar el trabajo que requiere sus dones como una labor sagrada, con compromiso, fervor y deleite.

La integración de su fe en su trabajo puede ocasionar una infusión de nueva vitalidad para ambos, la fe y el trabajo. El conocimiento de que el trabajo reside en el centro de su llamado revitalizará su fe y revivirá un sentido de gratitud, lo que a su vez lo acercará al Señor.

Cuando uno sabe que uno no es la fuente de sus dones ni el responsable último del impacto que ellos causan, entonces está hablando de verdadera libertad, verdadera alegría, verdadera adoración. Permanecer en Cristo puede hacerse realidad para todos los cristianos que sentían que eso no estaba disponible hasta ahora porque creían que su trabajo era del mundo, como si pudieran separar una porción de sus vidas de la influencia divina.

Insistimos: cada acción o suceso en tu vida personal u organizacional que describirías como sobresaliente es el resultado de un don dado por Dios. Ya sea que tengas éxito en preparar comidas satisfactorias con un presupuesto ajustado; tomar decisiones de negocios oportunas; crear nuevos productos asequibles; calmar los ánimos acalorados; inventar un nuevo sistema que ahorra tiempo; o idear una mejora que ahorra trabajo, el principio es el mismo. Cada acción se produce porque hombres y mujeres usaron los dones que se les concedieron.

Mucho se ha conseguido durante el curso de la historia a pesar de nuestro estado caído. ¡Pero piensa cuánto más se podría hacer si todos estuviéramos haciendo el trabajo que le diera el uso apropiado a los dones que Dios nos concedió! ¡Piensa en la alegría y la satisfacción que conoceríamos como individuos!

06

●●○

Descubre tu propósito

En los últimos años, un creciente número de personas se ha preguntado: «¿Quién soy?», una pregunta que en la superficie parece un poco inmadura y un ejemplo más del egocentrismo que está tan de moda. Por supuesto, lo que de hecho se está expresando es bastante serio y real, y a fin de cuentas tiene que ver más con dar que con recibir. Si los sentimientos detrás de la pregunta se articularan mejor, probablemente se manifestarían como: «¿Cuál es mi propósito? ¿Qué tengo para ofrecerle al mundo? ¿Para hacer qué cosa estoy hecho?».

Una cosa es hablar con entusiasmo sobre los dones que Dios nos ha dado a cada uno, y otra es lidiar con el problema obvio de identificar esos dones. El mundo, con todas sus sofisticadas tecnologías, no lo ha hecho tan bien en esta área, como muestran las estadísticas de adecuación al trabajo. No obstante, existe un método que les permite a las personas dar con las respuestas a esas preguntas para que puedan alcanzar una comprensión básica de qué dones se les han conferido. Pueden usar esa comprensión para planificar su lugar en la vida. En este capítulo queremos explicarte este método.

Una clave para develar este método se encuentra en un intrigante versículo del libro de Gálatas. Allí Dios nos exhorta por medio del apóstol Pablo a poner especial atención a nuestros logros: «Cada uno debe evaluar sus propios actos y estar satisfecho de sus logros sin compararse con los demás» (6:4 PDT). Este verso puede parecer meramente una afirmación de la individualidad, pero también es el medio para comprender la singularidad de quienes somos y lo que se nos ha dado para dar.

Una lección de la historia

Para evaluar tus logros se requiere una apreciación de la historia bíblica y una comprensión de tu propia historia personal. La historia es un importante factor para descubrir la voluntad de Dios para la humanidad. Grandes porciones de la Biblia están dedicadas a la historia, lo que nos permite descubrir el patrón de las intenciones de Dios. Mediante una revisión de esa historia podemos percibir el carácter de Dios y el lugar y el propósito del hombre y la mujer en tanto que ellos respondieron a ese carácter.

Asimismo, la historia es importante para descubrir la voluntad de Dios para el individuo. Puede que veas tu historia como mala, buena, o ambas cosas. Y puede que tu juicio sea acertado. Sin embargo, es posible usar tu historia porque el diseño divino de ti y tus dones se revela en ella.

El contenido de tu historia personal no es casual o accidental. Tu personalidad, carácter y talentos únicos han hecho mucho para moldear los importantes sucesos en tu vida. Hay una clara y fuerte conexión entre quién eres y lo que has hecho. Tu propio diseño, o conformación, ha sido una fuerza impulsora en miles de situaciones y, para bien o para mal, se ha revelado claramente. Tal vez te agrade o tal vez no la manera en que has puesto en práctica tu diseño, pero por lo menos complácete por ser la hechura de Dios (ver Ef 2:10) y porque has sido diseñado con dones específicos y una motivación para usar esos dones.

Como sugiere el apóstol Pablo, uno comienza a descubrir el diseño de Dios para uno identificando los logros que le dan un sentido de alegría o satisfacción cuando se usan de un modo particular para determinados propósitos. Esta puede ser una técnica cuestionable para aquellos que han tenido que lidiar con lo negativo del pecado en sus vidas, especialmente el pecado que se ha disfrazado como un bien. Sin embargo, hemos descubierto que el pecado está menos relacionado con el ejercicio de nuestros dones y más relacionado con el ejercicio de nuestro ego como si nosotros hubiéramos creado esos talentos.

Identifica tu diseño

Cuando escribimos acerca de los dones y las motivaciones, no nos referimos meramente al talento. El talento está incluido, pero nos referimos a algo mucho más fundamental. En nuestra experiencia profesional, evaluando a miles de individuos por más de veinte años, hemos descubierto que cada persona manifiesta una y otra vez todo un sistema de conducta, al que llamamos «patrón motivacional». En otras palabras, todos tenemos gustos y disgustos. Reaccionamos a las personas, las cosas y las circunstancias de la misma manera una y otra vez. Los seres humanos somos mucho más coherentes en nuestros pensamientos, palabras y acciones de lo que percibimos. Es por ello que decimos cosas como: «Eso es tan típico de él o ella».

El patrón motivacional es evidencia de que Dios no nos ha diseñado como conjuntos de posibilidades azarosas, sino como personas con dones altamente detallados que difieren de un individuo a otro. Esos dones emergen de las profundidades de nuestras motivaciones y determinan nuestro lugar en el orden de las cosas. Así como cada animal y organismo funciona en un lugar en particular en la creación de Dios, así también nosotros estamos diseñados para un rol en particular en la comunidad humana y en el mundo.

Con esto no queremos decir que debamos obedecer de manera fatalista un patrón implantado en algún lugar en nosotros, sino que somos de cierto estilo. No somos amorfos. Tenemos un modo de acción, cierta forma de operar que es única de nosotros y que nos llama a ser aquello para lo que fuimos hechos, no lo que los demás quieren que seamos.

Elementos de tu diseño

Para darte una idea de la naturaleza de un patrón motivacional, los siguientes son sus elementos:

- Un impulso motivacional central, o resultado que uno está motivado a lograr.
- Ciertas capacidades motivadas que uno está motivado a usar.
- Cierto tema o materia con la cual, o a través de la cual, uno está motivado a trabajar.
- Ciertas circunstancias en las cuales uno está motivado a operar.
- Cierta manera en que uno está motivado a relacionarse y operar con los demás.

Veamos ahora cada elemento del patrón en más detalle.

1. Impulso motivacional central

Un análisis de los logros disfrutables de una persona revelará un hilo común (por el cual la persona siempre se empeña) que vincula todas las cosas que hace bien. Por conveniencia, identificamos este hilo con la etiqueta «impulso motivacional central». De la aparente diversidad de lo que una persona ha hecho, este impulso motivacional central emerge como el único factor predominante y unificador.

Para una persona, esto puede ser satisfacer necesidades y requerimientos; para otra puede ser superar obstáculos y perseverar contra las dificultades. Para alguien más el impulso motivacional central podría ser servir y ayudar a otras personas. Para otra, podría ser construir y desarrollar cosas. Y para otra, podría ser obtener reconocimiento, honores y premios, etc.

Para dar un ejemplo concreto, examinemos el impulso motivacional central del apóstol Pablo, impulso que consistía en prevalecer.

Prevalecer contra los cristianos

Saulo, respirando aún amenazas de muerte contra los discípulos del Señor, se presentó al sumo sacerdote y le pidió cartas de extradición para las sinagogas de Damasco. Tenía la intención de encontrar y llevarse presos a Jerusalén a todos los que pertenecieran al Camino, fueran hombres o mujeres (Hch 9:1-2).

Prevalecer contra los judíos

«¿Y no ha venido aquí para llevárselos presos y entregarlos a los jefes de los sacerdotes?». Pero Saulo cobraba cada vez más fuerza y confundía a los judíos que vivían en Damasco, demostrándoles que Jesús es el Mesías (Hch 9:21-22).

Prevalecer en el debate

Hablando abiertamente en el nombre del Señor. Conversaba y discutía con los judíos de habla griega (Hch 9:29).

Prevalecer contra los hermanos creyentes

Esto provocó un altercado y un serio debate de Pablo y Bernabé con ellos. Entonces se decidió que Pablo y Bernabé, y algunos otros creyentes, subieran a Jerusalén para tratar este asunto con los apóstoles y los ancianos (Hch 15:2).

Prevalecer contra cualquiera

Así que discutía en la sinagoga con los judíos y con los griegos que adoraban a Dios, y a diario hablaba en la plaza con los que se encontraban por allí (Hch 17:17).

Prevalecer en la sinagoga

Pablo entró en la sinagoga y habló allí con toda valentía durante tres meses. Discutía acerca del reino de Dios, tratando de convencerlos, pero algunos se negaron obstinadamente a creer, y ante la congregación hablaban mal del Camino. Así que Pablo se alejó de ellos y formó un grupo aparte con los discípulos; y a diario debatía en la escuela de Tirano (Hch 19:8-9).

Otros pasajes bíblicos también muestran esa cualidad de «yo venceré». Pablo se jactaba (aunque por el bien de otros) de que había sido más golpeado que otros y había estado preso más que otros. Se describía a sí mismo como en una carrera, y nos instaba a hacer lo mismo. Usó reiteradamente la metáfora de la carrera, instándonos a ganar el laurel, obtener la corona.

Pablo actuaba de una forma claramente consecuente, y, por extraño que parezca, no de una manera que lo hiciera parecer un santo, considerando la idea de santidad que tienen muchos cristianos. Sin embargo, sin ese potente y prevaleciente elemento llamado Pablo, la iglesia nunca habría comenzado.

2. Ciertas capacidades motivadas

A través de sus logros, las personas muestran sus formas de llevar a cabo las cosas. Entre estas se incluyen capacidades tales como:

Persuadir al jefe	Concebir ideas
Escribir informes	Negociar y regatear
Analizar problemas	Enseñar a niños
Diseñar un dispositivo	Organizar el trabajo

El examen de las experiencias de logros de cualquier persona arrojará de cinco a ocho capacidades que se repiten con frecuencia. Esas capacidades son las que esa persona está particularmente motivada a usar. Es decir, son capacidades que la persona es capaz de usar y a la vez *quiere* usar.

Una persona es buena para planificar y construir, otra para diseñar y crear; una es buena para investigar y negociar, otra para experimentar y evaluar; una persona es buena para hablar y motivar, otra para operar y mantener; etc. En cada caso, lo que la persona disfruta y para lo que es buena es el resultado de como Dios la hizo. Como dijo Dios cuando dispuso la construcción del tabernáculo en el desierto: «He dotado de habilidades especiales a todos los expertos» (Éx 31:6 NTV). Las personas tienen más capacidades generales que capacidades motivadas, pero el uso de estas últimas es su área de fortaleza. Si se da el contexto adecuado, el uso de las capacidades motivadas rara vez resulta aburrido.

3. Cierto tema o materia

Las personas hallan satisfacción una y otra vez al abordar su tema favorito. Los siguientes son solo unos pocos ejemplos de materias que a la gente le gustan:

- Normalmente hay números presentes.
- El dinero suele estar involucrado.
- El trabajo es muy detallado.
- En muchos casos, se desarrolla un método.
- Las personas son centrales en la mayoría de los logros.
- Se trabaja en cosas de naturaleza mecánica.

El examen de la experiencia de logros arrojará de tres a cinco temas que se repiten con frecuencia. Estas materias revelan el contenido, los objetos, los mecanismos con los cuales la persona está motivada a trabajar.

Dado que uno intentará moldear o incluso distorsionar su empleo o rol, consciente o inconscientemente, para incluir su materia favorita, es crucial que su trabajo requiera o al menos incluya esas materias.

El Señor tenía presente ese hecho cuando llamó la atención hacia ciertas personas que él había creado para que trabajaran con cierta materia:

> «Lo he llenado del Espíritu de Dios, de sabiduría, inteligencia y capacidad creativa para hacer trabajos artísticos en oro, plata y bronce, para cortar y engastar piedras preciosas, para hacer tallados en madera… Los ha llenado de gran sabiduría para realizar toda clase de artesanías, diseños y recamados en lana púrpura, carmesí y escarlata, y lino. Son expertos tejedores y hábiles artesanos en toda clase de labores y diseños» (Éx 31:3-5; 35:35).

4. Ciertas circunstancias

Las personas buscan ciertas circunstancias que disfrutan. Si no pueden encontrarlas, a menudo tratarán de crearlas. Entre los ejemplos están estos tipos de circunstancias:

- Suele haber presión o competencia.
- La situación es estructurada y definida.
- La situación es desestructurada y fluida.
- Las cosas están programadas y tienen un claro inicio y un término.
- Con frecuencia hay problemas involucrados.

Algunas personas se elevan a la máxima altura cuando les piden ayuda. Algunos quieren una cruzada para unirse, o un Goliat que enfrentar antes de motivarse. Otros necesitan una situación grupal donde trabajar. Aún otros procuran hacer cosas que requieren una respuesta inmediata a las demandas. Otros requieren de mucho tiempo para organizarse debidamente antes de ponerse en marcha.

Conociendo esas diferencias entre sus hijos, Dios le dijo a Gedeón cómo identificar a los que estaban motivados por el combate y la batalla:

> «Anúnciale ahora al pueblo: "¡Cualquiera que esté temblando de miedo, que se vuelva y se retire del monte de Galaad!"». Así que se volvieron veintidós mil hombres, y se quedaron diez mil. Pero el Señor le dijo a Gedeón: «Todavía hay demasiada gente. Hazlos bajar al agua, y allí los seleccionaré por ti. Si digo: "Este irá contigo", ese irá; pero si digo: "Este no irá contigo", ese no irá»... El Señor le dijo a Gedeón: «Con los trescientos hombres que lamieron el agua, yo los salvaré; y entregaré a los madianitas en tus manos. El resto, que se vaya a su casa» (Jue 7:3-4, 7).

El Señor no usó a ninguno solo porque fuera soldado. No seleccionó según la madurez espiritual. Él seleccionó a aquellos cuya conducta reveló que su don era ser la clase de soldados que conseguiría la victoria.

5. Cierta forma de relacionarse y operar con los demás

En sus logros, las personas revelan una forma característica de relacionarse con los demás. Al examinar los logros de una persona, es posible llegar a las siguientes conclusiones:

- Con frecuencia está en el cargo de líder.
- Siempre actúa en gran medida por su cuenta.
- Constantemente forma parte de un esfuerzo en equipo.
- Preocupación por influenciar a otros, pero sin una autoridad directa sobre los influidos.
- Normalmente maneja un grupo independientemente de las instrucciones de la autoridad superior.

Ninguna parte del patrón es más crucial que la manera en que el individuo está motivado para operar con las personas. Esta área de nuestro diseño es la causa de tanta distorsión, confusión, desequilibrio y carnalidad en el Cuerpo de Cristo y en todas las denominaciones, en particular aquellas con relativamente poca estructura de gobierno.

La Escritura contiene abundantes referencias a roles específicos que debemos desempeñar unos con otros: «Dios, en su gracia, nos ha dado dones diferentes para hacer bien determinadas cosas... Si tu don es servir a otros, sírvelos bien... Si Dios te ha dado la capacidad de liderar, toma la responsabilidad en serio» (Ro 12:6-8 NTV). Esa instrucción es clarísima. Debemos asumir nuestros roles al trabajar las relaciones con los demás, según los dones que Dios nos ha dado. Es un grave error suponer que solo porque hemos demostrado un excelente desempeño en un rol, en consecuencia, podemos esperar lograr la excelencia en cualquier rol.

«Designen de cada una de sus tribus a hombres sabios, inteligentes y experimentados, para que sean sus jefes» (Dt 1:13). Una vez más, el principio es simple. Si necesitas hombres sabios e inteligentes como gobernantes, elige a aquellos que hayan demostrado esos dones. La constancia del desempeño en el pasado es el mejor predictor del desempeño futuro. Vemos el mismo principio en la vida de José en Egipto: «Y su amo se dio cuenta de que el Señor estaba con él y lo hacía prosperar en todo lo que emprendía... y su amo lo nombró mayordomo de su casa» (Gn 39:3-4). Nótese que la prosperidad no llegó automáticamente (José pasó un tiempo en la cárcel), pero finalmente el Señor realmente bendijo aquello a lo que José aplicó sus dones. Potifar fue lo bastante listo para poner a José como mayordomo, porque este ya había demostrado éxito. Más tarde, los mismos dones fueron usados por el faraón para beneficio de la nación entera.

Los detalles de tu diseño

Los diversos segmentos del patrón motivacional, o diseño, recién bosquejado representan solo un esqueleto. Un examen meticuloso de tus logros disfrutables revelará abundante evidencia de quién eres.

Cada elemento de cada parte del patrón tiene una cualidad particular. Por ejemplo, una persona puede tener una capacidad para enseñar, pero principalmente mediante demostración más bien que mediante charla. Una persona puede trabajar mejor en encuentros personales que en grupo. Una persona puede dirigir a otras, pero quiere involucrarse en la acción. Otra está motivada a aprender cosas nuevas si puede experimentar el aprendizaje de alguna forma práctica, experimental. Alguien está motivado a construir cosas, pero uno nota que es único en su especie; nunca hace la misma cosa dos veces. Una persona es realmente buena para dar charlas y presentaciones, pero solo después de dominar la materia y preparar cuidadosamente lo que va a decir. O a alguien le fascina estar en debate, especialmente cuando puede simplemente improvisar en el momento.

La existencia de tal diseño puede ser para ti una idea extraña. Sin embargo, después de muchos años de ayudar a personas en las iglesias, escuelas y corporaciones a descubrir sus diseños, aún no hemos encontrado siquiera a un individuo que no evidencie un patrón motivacional completo, ni hemos descubierto que el patrón de una persona sea la réplica exacta del de otra. Esta experiencia extensiva nos obliga a presumir con confianza que cada persona que lea este libro también tiene un diseño único.

Recuerda tus alegrías

Ya que has llegado hasta aquí, observa cuánto de tu propio patrón motivacional puedes identificar. Recuerda tantas de tus experiencias de logros disfrutables como te sea posible y completa el formulario biográfico en el apéndice de este libro. En el formulario hay instrucciones y ejemplos, así que no deberías tener problemas para entender el tipo y cantidad de detalles necesarios para describir tus experiencias de logros disfrutables.

Luego de completar tu propia lista de experiencias de logros en el formulario biográfico, prueba tu mano e identifica los elementos de tu patrón motivacional. Las siguientes páginas contienen los pasos que se tienen que dar para determinar un patrón motivacional a partir de tus logros. Necesitarás revisar los datos de tus logros más de una vez.

Las listas de elementos motivacionales que proveemos a continuación no pretenden ser exhaustivas. Seguimos descubriendo nuevas adiciones a nuestras listas, así que una versión «final» no parece posible. (¡Dios ha creado una variedad infinita en el ser humano!). Además, es tan extensa que sería demasiado agotadora para ser de ayuda aquí.

Lo que hemos hecho es recopilar aquellos elementos que te permitirán adquirir una noción amplia de la autocomprensión y no intentar duplicar los detalles que proveeríamos profesionalmente.

Identificación del impulso motivacional central

Paso 1 Usando los ejemplos a continuación, examina tus logros (usando el formulario biográfico SIMA en el apéndice) en busca de un hilo común que o se ajuste a uno de estos o bien se pueda expresar de modo similar. Probablemente podrás hallar una frase clave en el lenguaje que usaste que esencialmente describa el impulso central o resultado que intentas determinar.

Adquirir/poseer: dinero/cosas materiales/estatus/personas
Quiere tener su propio bebé, poseer juguetes, bicicletas, casas, muebles, y familia.

Combatir/prevalecer: sobre adversarios/el mal/filosofías opuestas
Quiere ir contra los tipos malos, el statu quo arraigado, la vieja tecnología.

Desarrollar/construir: estructuras/cosas técnicas
Quiere hacer algo donde no había nada.

Destacar/ser el o la mejor: frente a otros/estándares convencionales
Quiere ser el más rápido, el primero, el más largo, el más pronto, el más grande, el más complicado, mejor que los demás.

Dominar/ser experto: materia/habilidad/equipamiento/objetos
Va tras las imperfecciones, completo dominio de una técnica, control de las variables.

Entrar al equipo/calificar: ser establecido por otros/por el sistema
Es aceptado en el equipo, asciende a capitán, tiene acceso al círculo de plata, el club de campo, el casino exclusivo.

Estar a cargo/mandar: a otros/cosas/organización
Quiere estar arriba, con autoridad, al mando, donde se puede determinar cómo se harán las cosas.

Explotar/lograr potencial: situaciones/mercados/cosas/personas
Ve un diamante en bruto, un talento enorme, un valioso producto, un mercado promisorio antes del hecho.

Ganar reconocimiento/atención: de los pares/autoridad pública
Quiere saludar a la multitud aclamatoria, aparecer en los diarios, ser famoso, ser el centro de atención.

Hacer que funcione/volver efectivo: cosas/sistemas/operaciones
Repara lo descompuesto, cambia lo obsoleto, rediseña lo que fue mal concebido.

Moldear/influenciar: material/políticas/personas
Quiere dejar una marca, generar cambio, causar un impacto.

Obtener respuesta/influenciar conducta: de personas/a través de personas
Quiere que perros, gatos, personas y grupos reaccionen a su toque.

Organizar y operar: negocio/equipo/línea de producto
Quiere ser emprendedor, iniciador de nuevos negocios.

Perfeccionar/mejorar: a sí mismo/otros/trabajo/organizaciones
Lo que es marginal lo hace bueno; lo bueno, mejor; lo que produce poco dinero, producir mucho dinero.

Pionero/explorador: tecnología/cultura/ideas
Presiona las líneas, el conocimiento, los límites establecidos.

Satisfacer necesidades/cumplir expectativas: exigido/necesario/inherente
Se esfuerza por cumplir especificaciones, plazos de envío, lo que el cliente quiere, lo que el jefe ha expresado.

Servir/ayudar: a personas/organizaciones/causas
Lleva la sopa, ministra al herido, ayuda a los necesitados.

Superar/perseverar: obstáculos/desventajas/lo desconocido/probabilidades
Va tras tigres hambrientos con una pistola de juguete, montañas escarpadas con botas resbaladizas.

¿Cuál es tu impulso motivacional central? Escríbelo abajo.

___

¡Ahora demuéstralo! Respalda tu conclusión con evidencia de tus logros.

(Por ejemplo, adquirir/poseer: Hice una gran compra en Navidad. Compré un auto a los 16. Acumulé reservas en efectivo. Remodelé el interior de la casa completa. Alcancé altos ingresos como corredor).

___

___

___

Identificación de capacidades motivadas

Paso 2 Extrae y escribe todos los verbos que denoten acciones realizadas mientras llevabas a cabo cada logro (usa el formulario SIMA).

Paso 3 Agrupa los verbos que correspondan a los siguientes conjuntos, pero trata de no identificar más de seis o siete. Si crees que tienes más, determina de cinco a ocho de los más centrales para hacer lo que para ti era importante.

- Capacidad *investigativa:* entrevistar, experimentar
- Capacidad de *aprendizaje:* observar, indagar, estudiar, practicar
- Capacidad de *visualización:* conceptualizar, imaginar, soñar
- Capacidad *evaluativa:* analizar, evaluar, seleccionar
- Capacidad de *formulación:* teorizar, definir
- Capacidad de *planificación:* diseñar, disponer, programar, generar estrategias
- Capacidad *creativa:* inventar, improvisar, innovar, pintar
- Capacidad *organizativa:* recolectar, sintetizar, sistematizar
- Capacidad de *desarrollo:* mejorar, reparar, modificar
- Capacidad *constructiva:* construir, ensamblar, armar
- Capacidad *operativa:* administrar, manejar, manipular

- Capacidad de *implementación:* hacer físicamente, ejecutar
- Capacidad de *consejería:* orientar, aconsejar
- Capacidad de *supervisión:* liderar, coordinar, dirigir
- Capacidad de *presentación:* actuar, demostrar, bailar, hablar
- Capacidad *pedagógica:* entrenar, instruir, explicar, demostrar
- Capacidad de *escritura:* editar, componer, avisar
- Capacidad de *influencia:* convencer, defender, motivar, vender

Las capacidades tienen una cronología general que es útil cuando se las reúne en grupos; es decir, generalmente se sigue un orden lógico de los sucesos.

Anota de cinco a ocho capacidades que identificaste.

____

____

____

____

____

____

____

____

Ahora demuestra la presencia de cada capacidad citando evidencia de ella a partir de tus logros. (Por ejemplo, analizar/evaluar: Hice extensos estudios de costo. Evalué los datos. Analicé nuestras utilidades con la arpillera. Analicé el área de ventas de la empresa).

1. Capacidad: ______________________________
   Evidencia: ______________________________
   ____

2. Capacidad: ______________________________
   Evidencia: ______________________________
   ____

3. Capacidad: ______________________________
   Evidencia: ______________________________
   ____

4. Capacidad: ______________________________
   Evidencia: ______________________________
   ____

5. Capacidad: ______________________________
   Evidencia: ______________________________
   ____

Identificación de materia y circunstancias motivadas

Paso 4 De la información de logros extrae y escribe los sustantivos que se relacionan con las acciones implicadas cuando llevas a cabo cada logro. Tales sustantivos describirán la clase de objetos y mecanismos con los cuales o por medio de los cuales estás motivado a trabajar.

Agrupa estos sustantivos en conjuntos que denoten objetos o circunstancias similares, como se ilustra en los ejemplos de abajo en las categorías. Estos son solo ejemplos.

Los *objetos* con los que trabajas:

- cifras/detalles
- cosas vivas
- cosas físicas/estructurales
- proyectos/programas
- cosas/hardware/equipamiento
- palabras/lenguaje/símbolos
- personas/relaciones

Los *mecanismos* con los que trabajas:

- arte/diseño

- controles/presupuestos/calendarios
- ideas/conceptos
- empresa/negocios
- sistemas/métodos
- políticas/estrategia

Ahora prueba la existencia de estos elementos de tu patrón citando evidencia de tus logros. (Por ejemplo, proyectos/programas y sistemas/métodos: Diseñé un nuevo sistema de distribución que reduce los costos de envío. Optimicé el presupuesto familiar. Desarrollé un nuevo programa de ventas que reduce los costos de viaje de la compañía).

Objeto, mecanismo, materia: ______________________________

Evidencia: ____

____

____

Objeto, mecanismo, materia: ______________________________

Evidencia: ____

____

____

Objeto, mecanismo, materia: ______________________________

Evidencia: ____

____

____

Objeto, mecanismo, materia: ______________________________

Evidencia: ____

____

____

Objeto, mecanismo, materia: ______________________________

Evidencia: ______________________________________

____

____

Identificación de relación motivada con los demás

La manera en que operas con los demás se determina examinando el rol activo que mantienes en relación con los demás que pueden estar involucrados cuando realizas tus logros.

Paso 5 Examina tu lista de logros en busca de declaraciones que indiquen la forma en que te relacionas con los demás.

Paso 6 Extrae frases que describan la relación.

Paso 7 Estudia aquellas frases que señalen tu relación con los demás, y encuentra el que más se acomode de los siguientes:

Miembro de equipo	— Debe operar en compañía de otros.
	— Contribución se fundió con los esfuerzos de otros.
Individualista	— Conforme con operar con otros o solo.
	— Quiere un rol y contribución definidos y vinculable con sus esfuerzos.
	— Quiere poder asegurar resultados principalmente por medio de sus esfuerzos.
Líder de equipo	— Involucrado con los subordinados en la acción.
	— Influye en las acciones de ellos mediante el ejemplo o la pericia.
	— Mientras lidera, aún puede tender a preocuparse por sus tareas personales.

Coordinador	— Suele llevar a la acción a otros que no se requiere que reporten a él. — Prefiere operar sin una autoridad de contratar y despedir, o confrontadora.
Director	— Dirige las acciones de otros para que actúen exactamente a su manera. — Se involucra al nivel de los detalles. — Usa a las personas como extensiones de sí mismo.
Gerente	— Maneja los talentos de los demás para producir un resultado. — Normalmente les permite a los demás determinar cómo se desempeñarán. — Puede tender a delegar autoridad y responsabilidad mientras aún conserva el control general.
Entrenador	— Desarrolla el talento de otros en un rol de apoyo. — Normalmente no participa en la acción. — No se enfoca en o no controla el resultado.

¿Cuál fue tu relación predominante con los demás?

____

____

Respalda tu conclusión citando evidencia de tus logros.
(Por ejemplo, miembro de equipo: Con ingenieros consultores rediseñamos el servicio eléctrico. Con mi primo reparamos el automóvil.

Trabajé con mi padre y un carpintero para construir ampliación de dos habitaciones a la casa. Con el superintendente de la planta planificamos la renovación de instalaciones existentes).

____

____

El descubrimiento de tus capacidades motivadas en el ejercicio anterior no es un asunto de enfocarse en donde te encuentras hoy en tu desarrollo. El uso de logros tan tempranos como te sea posible recordar hasta el presente demuestra que no estamos tomando un inventario de factores pasajeros. (Si quieres un tratamiento más detallado de cómo usar el método SIMA, te sugerimos que mires nuestro libro anterior, *The Truth About You*).

Características del patrón

Luego de obtener una idea bruta de los elementos de tu patrón motivacional, veamos ahora tres características importantes de ese patrón. Tu patrón motivacional desempeña un rol muy dominante en tu manera de vivir la vida porque 1) es permanente, 2) es consecuente, y 3) controla tu conducta. Consideraremos cada característica por separado.

«Porque los dones y el llamamiento de Dios son irrevocables» (Ro 11:29 RVC). Este versículo se refiere al llamado de Dios a Israel y no se puede usar aquí para probar el principio de un patrón permanente. No obstante, sí introduce la manera en que Dios puede actuar con respecto a los dones y el llamado. Resulta sorprendente cuando descubrimos en nuestro trabajo que los logros a los cuarenta años solo son manifestaciones más complejas del mismo patrón revelado a los doce.

- La niña que repara el ala de un zorzal a los siete años está poniendo inyecciones intravenosas a su esposo diabético a los treinta y promueve la oposición al aumento de la proporción maestro-alumnos a los cuarenta años.

- El niño que adquiere su primer vehículo scooter a los cuatro años, su primera bicicleta a los nueve, su primer automóvil a los dieciséis, y su primera casa a los treinta, todavía está adquiriendo dinero o cosas materiales a los sesenta años.

- El niño que defiende a su hermana de los bravucones a los ocho años está ocupado a los veintinueve en su ministerio para personas que enfrentan la tragedia personal o la muerte y está conquistando y haciendo amigos con líderes de pandillas en barrios vulnerables a los cuarenta y cinco años.

Estos ejemplos, tomados de nuestros archivos, indican la naturaleza perdurable del diseño de las personas. Las personas no pierden los dones que se les han concedido ni adquieren un nuevo conjunto en algún punto de sus vidas. Dios no cambia de parecer respecto a su creación de cada individuo.

Esto se debe entender en el contexto del crecimiento. Debemos crecer sostenidamente en Cristo, floreciendo, dando fruto y volviéndonos más como aquello para lo que él nos ha diseñado con cada año que pasa. A modo de ilustración, si bien podemos decir que una plántula de roble es lo mismo que un roble de cuarenta años, también podemos afirmar que de alguna forma este último es *más* un roble. De modo similar, la naturaleza de cada persona permanece esencialmente intacta, pero debería llegar a ser más sí misma con cada año que pasa.

> Emprendí grandes obras, hice que me construyeran casas y que me plantaran viñas... Tuve también grandes ganados de vacas y de ovejas, más que todos los que reinaron antes de mí en Jerusalén... disfruté de los placeres humanos... En lo íntimo disfruté de todos mis afanes... Luego me puse a considerar todo lo que yo había hecho con mis manos, y el trabajo que me costó realizarlo, ¡y resultó que todo era vanidad y aflicción de espíritu! ¡Nada es provechoso bajo el sol!... Aborrecí también el haber trabajado tanto bajo el sol, pues todo lo que hice tendré que dejárselo a otro que vendrá después de mí... [Así que] dirigí mi atención hacia el conocimiento y la sabiduría (Ecl 2:4, 7, 8, 10, 11, 18; 8:16 RVC).

Salomón (el autor de Eclesiastés) fue un buen ejemplo de un patrón motivacional consecuente. Él tuvo una experiencia de percepción espiritual que reveló que su adquisición de cosas era vanidad. ¿Cambió luego su motivación? No. Él adquirió nuevamente, pero ahora fue sabiduría lo que adquirió. Asimismo, dado que tu patrón se mantiene constante, intentarás hallar la forma de usarlo en cada empleo o situación en que estés. A pesar de la esterilidad o la represión de tu entorno, a pesar de un limitado trasfondo educacional, buscarás la oportunidad de ejercer de algún modo tus dones motivacionales. Si no puedes usar tu patrón en el trabajo, buscarás la oportunidad fuera del trabajo para usarlo. Si no puedes usarlo en casa, buscarás en otro lugar. Si no puedes usarlo en la escuela, buscarás satisfacción fuera de la escuela.

Por ejemplo, recordamos a un exitoso gerente de una empresa grande que nos contó de su infancia. Jim era el hijo único en una granja de Kansas. Estaba claro que su puesto actual se ajustaba a sus dones gerenciales, pero nos preguntábamos qué iba a decir acerca de su infancia. ¿De qué manera un hijo único ejerce la gerencia sin hermanos ni hermanas? ¿De qué manera un chico solo en una granja remota encuentra una aplicación para sus dones de liderazgo? Bueno, tal vez no había personas que dirigir, pero había gallinas. Jim no tardó mucho en descubrir que podía manejarlas, ni tardó demasiado en terminar con un negocio de gallinas y huevos como un importante logro de su niñez.

También recordamos a un niño de un gueto, sin incentivo alguno de su familia fracturada, y ciertamente ninguno de su entorno, quien persiguió sus intereses empresariales. En lugar de ganar dinero por medios cuestionables, tuvo dos negocios operando exitosamente antes de los doce años.

Cuando se trata de dones motivados, ¡encontrarás la manera!

Además de ser permanente y consecuente, tu patrón motivacional también controla tu conducta. Considera esta declaración del apóstol Pablo: «Pues si anuncio el evangelio, no tengo por qué jactarme, porque ésa es mi misión insoslayable. ¡Ay de mí si no predico el evangelio!» (1Co 9:16 RVC).

Si quieres una respuesta, saldrás en busca de las necesidades no satisfechas de la gente. Si eres un superador, buscarás una tarea que nadie haya hecho antes. Si te motivan las cruzadas, saldrás en busca de una causa. Si te motiva funcionar como miembro de equipo, buscarás a un compañero de labor. Si te motiva mandar, buscarás una forma de llegar a un puesto alto.

En otras palabras, cada empleo o rol que asumas lo percibirás e intentarás desempeñarlo de acuerdo con tu patrón de conducta motivada. Lo que enfatizas, lo que ignoras, aquello respecto a lo cual eres tibio, todo ello refleja tu patrón.

Tú y tu patrón son uno. Tú buscas trabajo, personas, la iglesia, teología y política —y todo lo demás en la vida que sea importante para ti— a través de tu patrón motivacional, el cual concierne a tu forma de ver y actuar. No puedes actuar simplemente de cualquier manera. No puedes percibir una situación simplemente desde cualquier perspectiva. Solo puedes actuar y percibir de la manera en que actúas y percibes, la cual es tan consecuente y exacta que se puede describir en detalle. El conocimiento de los detalles abre el camino hacia la verdadera mayordomía de tus dones. Te hace consciente de lo que quieres hacer y te libera de la idea de que lo que quieres hacer y lo que debes hacer son necesariamente lo mismo.

Esto nos lleva a nuestra siguiente consideración, el conflicto entre aquello que nuestro patrón insiste en que hagamos y aquello que debemos hacer. A veces, felizmente, coinciden, pero a menudo no. Es en esta última situación donde descubrimos el carácter.

PARTE III: DIGNO DE LA VOCACIÓN

07

●●●

Cuando haces lo tuyo, compulsivamente

Es bueno saber que Dios nos hizo a cada uno de nosotros con un diseño particular que produce una conducta generalmente consecuente. No despertamos cada día para quedar atrapados en un caos de posibilidades infinitas para pensar, decidir y actuar, un universo absurdo donde cualquier cosa podría pasar. Somos capaces de ocuparnos en una vida con propósito. Tenemos una capacidad para la intencionalidad que nos permite moldear nuestro ambiente, que hace posible la vida familiar y la civilización.

No obstante, cada estilo es juzgado por los demás, quienes le asignan un valor. Si bien es posible mirar un patrón motivacional aplicado a una situación dada y concluir que es «consecuente», una cualidad que se considera positiva (nos gusta que la gente sea consecuente), también es posible ver el mismo patrón motivacional aplicado a otra situación y concluir que es «compulsivo», un juicio negativo.

Por ejemplo, si necesitas ayuda con urgencia, una persona motivada a servir y ayudar estará dispuesta a socorrerte y probablemente será competente, y tú afirmarás el valor de ese don. Pero si el mismo individuo intenta ansiosa y reiteradamente ayudar cuando no es necesario, la víctima de tal insistencia lo tendrá por un compulsivo fastidio. Asimismo, una persona motivada a hacer una contribución clave es considerada como un salvador o héroe por aquellos que necesitan ese don. Pero es posible que quienes no requieren de ese don vean a la misma persona como «alguien que siempre debe dar su opinión sea como sea». Lo que en una situación es una bendición consecuente, en otra es una maldición compulsiva, según la perspectiva de cada receptor.

Pareciera que nuestros juicios de valor en cada uno de estos casos se basan objetivamente en principios. Sin embargo, a menudo en realidad son nuestras necesidades las que los suscitan, o los valores a los que nuestra subcultura cristiana nos ha iniciado, y no los valores bíblicos. Dado que los dones motivados que funcionan consecuentemente pueden ser los mismos dones motivados que operan compulsivamente, las Escrituras son muy dogmáticas respecto a las posibilidades (específicamente la imposibilidad) de que alguien actúe de manera altruista sin el poder transformador de Jesucristo. Nosotros actuamos de la manera en que estamos motivados a actuar, ya sea que el escenario para tales acciones sea delictual o humanitario. En ambos casos, jugamos a ser Dios haciendo lo que queremos, como lo queremos, cuando lo queremos, independientemente de lo que se necesita o de lo que otros consideran necesario.

A veces podemos salirnos con la nuestra porque nuestra compulsión y la necesidad real coinciden, o porque tenemos un patrón que es bien visto por la gente. Sin embargo, Dios mira nuestro interior y ve que hacemos lo que pretendemos con un corazón pertinaz. No es que las capacidades motivadas sean malas en sí mismas; a fin de cuentas, Dios las diseñó. Es que están dirigidas hacia propósitos egoístas y pertinaces.

Nuestras determinaciones egocéntricas pueden ser reconocidas por el mundo como éxito o como fracaso. Pueden beneficiar a miles de personas o enviarnos a la cárcel. Se pueden considerar como intenciones ilustradas o torpes y salvajes. No obstante, cualesquiera que sean los juicios que haga el mundo, ellos provienen de la comprensión del mundo de lo bueno y lo malo. Puede parecer que tales juicios tienen algún valor. Sin embargo, como cristianos debemos recordar que Dios juzga desde la santidad y por tanto condena todo esto como algo injusto y sin ningún provecho. «No hay un solo justo, ni siquiera uno» (Ro 3:10). «Pues todos han pecado y están privados de la gloria de Dios» (Ro 3:23).

Desde una perspectiva bíblica, no se nos permite dividir la naturaleza de un individuo en categorías de bueno y malo. La totalidad de la naturaleza del ser humano en su mismísima esencia es denunciada como malvada. Dios rechaza la apariencia de buena conducta, acciones amorosas, y la fachada de civilidad junto con los males evidentes de la humanidad. «¡Maldito el hombre que confía en el hombre! ¡Maldito el que se apoya en su propia fuerza y aparta su corazón del Señor!... Nada hay tan engañoso como el corazón. No tiene remedio. ¿Quién puede comprenderlo?» (Jer 17:5, 9).

La Escritura es tan fuerte al respecto que algunos cristianos proclaman la depravación total del hombre. Independientemente de lo lejos que vayamos en nuestra postura teológica, ninguno de nosotros comprende la profundidad del pecado del ser humano. Aquel cuyo corazón se aparta de Dios no siempre se muestra con la apariencia del mal descarado. Se muestra como mi prójimo. Peor aún, se muestra como yo.

Dios quiere que seas libre de elegir hacer aquello para lo que estás dotado *cuando* él quiere que lo hagas. Entender este punto es crucial. Significa que en ocasiones se espera que te niegues a ti mismo y no ejerzas tus habilidades, aun si una situación lo requiere. Significa que se te da el poder de hacer lo que Dios sabe que se debe hacer y lo quiere, independientemente de lo que tú quieras hacer. Por ejemplo, puede que sepas lo que tu amigo afligido debería hacer, pero te guardas tu don porque te das cuenta de que tu amigo está abierto al consejo de alguien más en ese momento.

La única manera que conocemos de entrar en esa libertad es pasar por un proceso que nos hace santos, es decir, de santificación, el cual analizaremos en el siguiente capítulo. Esto no se puede conseguir mediante mera autodisciplina. Tal vez tengas éxito en abstenerte de una acción que estás motivado a realizar, pero recuerda que un hecho básico del cristianismo es que el ser humano no se puede salvar a sí mismo mediante autosacrificio o abnegación.

A Dios no le agradan las medidas a medias. Él siempre actúa perfectamente, es decir, actúa cabalmente. Allí donde nosotros podemos juzgar que una aproximación disciplinada a una situación es buena, él busca lo mejor. Él no solo quiere que te abstengas del ejercicio de tus dones cuando no deberías usarlos, sino que además quiere que disfrutes de estar en esa posición. ¡Eso es paradójico!, ¿no es verdad?

¿Acaso Dios te diseñó de cierta manera y luego espera que seas capaz de disfrutar de la negación de la manera en que te hizo? No exactamente. Dios, como diseñador, no solo tiene en cuenta los detalles de tu diseño, sino además todos los diseños de todas las personas en su complejidad interrelacionada. Él pretendía una variedad de diseños interdependientes. En la iglesia, el ministerio de cada persona complementa el ministerio de otra. En la sociedad, cada individuo tiene un rol diferente y empleos diferentes. Dios tiene la mirada en la tela completa, así como en cada hebra.

A causa de nuestra naturaleza caída, pensamos en nuestro patrón de manera aislada y vivimos en un mundo incapaz de percibir y obedecer el diseño general que Dios pretendía para la humanidad como un todo. Actuamos como si nuestros propósitos fueran a realizarnos a nosotros, cuando lo cierto es que debemos realizar el gran diseño global de Dios. La intención de Dios produce el armonioso efecto de que cada individuo se realiza mientras él o ella realiza a los demás. Por lo tanto, independientemente de la felicidad temporal del aplauso o la utilidad financiera, el ejercicio aislado de tus capacidades motivadas (donde tú lo decides todo) es peligroso. Es una pequeña versión duplicada de la decisión de Lucifer de que su comprensión era mejor que la de Dios. Esta actitud que es nuestra a través de la raza desobediente de nuestros ascendentes parece natural, y opera su distorsión incluso después que nos convertimos. Sin embargo, como cristianos podemos camuflar nuestras intenciones obstinadas y egocéntricas. Podemos enmascarar nuestra pertinacia con la fachada de los principios espirituales.

Por ejemplo, en una clase de estudio bíblico alguien podría insistir en cierta interpretación de la Escritura que requiere que la gente cumpla con estándares de conducta específicos tal como los define esa persona. Luego descubrimos que su impulso motivacional es *satisfacer necesidades y cumplir requerimientos.* Su don le dará autoridad a ese énfasis escritural, pero puede ser la autoridad de esa persona, no de Dios. No cabe duda de cómo esa persona verá las cosas. La cuestión aquí es su disposición a orar pidiendo la comprensión de lo que Dios pretende para la clase bíblica.

Otro ejemplo es la persona que siempre está presionando a sus subordinados para que cumplan con cuotas de producción cada vez más elevadas como principio de buen trabajo, pero luego descubrimos que su impulso motivacional es *cumplir con el desafío.* Hay momentos apropiados y momentos inapropiados para ese énfasis. No podemos esperar que una persona con esa motivación primordial determine la diferencia por sí sola, o que fácilmente vea otra perspectiva por sí misma.

Es probable que la persona motivada a funcionar de manera independiente ataque a su jefe o al presidente de comité de tipo controlador. Es propensa a ser hábil para descubrir el talón de Aquiles de cualquiera. En contraste con esta persona, otro individuo motivado a seguir puede parecer un santo porque se opone al hermano independiente respaldando al líder. En esencia, ambos están siendo impulsados por la compulsividad de su motivación.

No se trata de que alguna de esas motivaciones sea mala en sí misma. Lo malo es ejercer un don compulsivamente. Esto significa centrarse tan fuertemente en lo que se quiere que se desecha la voluntad y la guía de Dios. El resultado es un don que no es libre para funcionar según el plan de Dios, sino que es obligado a funcionar de forma independiente. Esto es tan importante de entender que dedicaremos el resto del capítulo a ejemplos de la lista de impulsos motivacionales centrales descritos en el capítulo anterior.

Mientras lees los ejemplos, ten en cuenta que cada persona es única, que nadie se ajusta exacta y completamente a ninguna categoría, y que estamos hablando de generalidades. No obstante, dado todo esto, quizá te sorprenda lo similar que eres a otros con el mismo impulso motivacional central.

Si estás motivado a *adquirir/poseer*, serás una gran fuente de sabiduría para tus socios en la expansión del negocio, evaluando estrategias financieras, y tomando otras sensatas decisiones de negocios. Sin embargo, también serás muy posesivo de tus pertenecías en casa y no prestarás tan fácilmente tu cortadora de pasto a los vecinos. Te pondrás ansioso si no puedes tener un completo control de tu propio proyecto de trabajo. Puedes ponerte furioso si el comité de misiones quiere gastar más, pero favorecerás la ampliación del templo. Verías con muy malos ojos la venta de tu casa para mudarte a una situación de vida comunitaria. Quizá te cambiarías a una iglesia con instalaciones físicas sustanciales, pero sería poco probable que aceptaras una teología que apoye un movimiento de «vende lo que tienes y dalo a los pobres».

Si estás motivado a *estar a cargo/mandar,* las personas acudirán naturalmente a ti en el trabajo en tiempos de indecisión y necesidad de un fuerte liderazgo. De alguna forma siempre terminarás a cargo de cada comité de desarrollo de producto nuevo, de la asociación de padres y profesores, de tu club deportivo. Cuando no estés a cargo, probablemente critiques los planes o acciones del liderazgo. Pasarás una cantidad de tiempo desordenada en el trabajo, en casa, en la colecta de fondos, para asegurarte de que las cosas se hagan correctamente. Te pondrás muy ansioso cuando los programas sean administrados por un comité. Te cambiarás a una iglesia que favorezca un fuerte liderazgo laico. Adoptarás una teología que promueva las relaciones jerárquicas en la iglesia, la familia y el trabajo.

Si estás motivado a *combatir-prevalecer,* gran parte de la iglesia se congregará en torno a tu llamado a las armas cuando el liderazgo nacional comience a flirtear con posturas demasiado liberales. En el trabajo, tu empresa te asigna clientes que están siendo seducidos por la competencia. Sin embargo, también entrarás en combates con personas que tengan fuertes opiniones en la junta de tu edificio, tu grupo de estudio bíblico, y tu equipo de evaluación computacional. Estarás a punto de matarte con largas horas dedicadas a organizar la oposición a una propuesta de reubicación de tu departamento, un plan para sacar al pastor, o la amenaza de un desarrollo comercial del parque municipal. Favorecerás una iglesia ocupada en mucha acción social y una teología de atacar y conquistar las fuerzas del mal en la sociedad.

Si tu motivación es *destacar/ser el o la mejor,* habrás hecho importantes contribuciones al vigor y el crecimiento de tu territorio de ventas. Sin embargo, también trabajarás hasta el agotamiento en la nueva colecta de fondos, rompiendo todos los récords anteriores. Instarás a tu iglesia a dar más para las misiones que cualquier otra iglesia de tu región del país. Instarás a tus hijos a sacar la calificación máxima, a llegar a la universidad, a alcanzar el rol de líder. Instarás a tu jefe a remplazar el viejo computador por el más rápido que esté disponible. Te cambiarás a una iglesia y una denominación que se consideren los mejores de tu área, y favorecerás una teología en la que se ve a Dios como quien recompensa a su siervo fructífero.

Si te motiva *obtener respuesta/influenciar,* los clientes van a elogiar tu calidez y personalidad como representante de servicio al cliente, y serás conocido por tu registro personal de evangelismo. Pasarás un tiempo excesivo preparando una presentación que deslumbre al comité de programa con tus planes, o intentando hallar un orador elocuente, o creando decoraciones espléndidas o juegos ingeniosos. Pasarás doce horas practicando una charla de media hora para una clase de escuela dominical de adultos. Conversarás diplomáticamente con cada miembro de la junta de la escuela antes del voto sobre el programa de transporte. Te cambiarás a una iglesia que invierta un tercio de su presupuesto en la obra misionera. Quizá favorezcas una teología de oración en la que Dios puede ser movido por el penitente.

Si estás motivado a *ganar reconocimiento/atención,* puede que hayas sido un anciano y líder laico por el máximo número de periodos permitidos, y puede que seas conocido en tu compañía por tus anteriores contribuciones. Probablemente desempeñes otros roles visibles: coro, lectura de la Escritura, oraciones públicas, dar testimonios, o labor misionera. Favorecerás un periódico de la empresa y artículos en el programa de adoración dominical que publiciten las actividades y a las personas responsables. Concluirás cada proyecto en el que trabajes sobre el cual pueda haber informes y sea observado formalmente por otros. Favorecerás una iglesia en una «buena» ubicación que edifique a sus laicos. Te atraerá una teología que enfatice la salvación personal y podrías ser menos entusiasta por las enseñanzas acerca de la humildad.

Si tu motivación es *entrar al equipo/calificar*, probablemente fuiste ascendido hace poco, y generalmente eres conocido como muy confiable y «una verdadera promesa». Tenderás a subir la escalera del éxito en la iglesia, primero como obrero, luego como jefe de comité, y finalmente como diácono o anciano. Probablemente ingreses al club de campo, destaques en una organización de servicio, y acabes como miembro de un grupo de elite en tu iglesia, trabajo o comunidad. Probablemente permaneciste en una unidad de reserva del ejército y recibiste ascensos desde tus días de servicio activo. Tal vez seas extremadamente literal en tu vida devocional personal, disciplinado en la lectura de la literatura y en seguir el régimen prescrito por el siguiente nivel. Probablemente te unas a una iglesia con una estructura jerárquica, y adherirás a una teología que contenga claros estándares de conducta.

Si estás motivado a *explotar/lograr potencial*, en el trabajo serás conocido como el agente de cambio, la persona de las ideas. Sin embargo, probablemente también animarás al ministro asistente que no debería haber sido contratado. Podrías instar al comité de reunión de fondos a que use tácticas de presión. Quizá recomiendes el uso de la casa del pastor para una escuela dominical extendida sin pedirle permiso primero. Promoverás el empleo de jóvenes, principalmente de grandes logros, para que dirijan más cultos. Podría atraerte una iglesia emergente. Probablemente adhieras a una teología que incentive el crecimiento y desarrollo personal.

Si te motiva *satisfacer necesidades/cumplir expectativas*, probablemente en el trabajo eres conocido como la persona a la cual acudir cuando se requiere llevar algo a cabo. Probablemente pases mucho tiempo respondiendo a situaciones problemáticas en el trabajo y en tu comunidad que involucren a viudas, niños en dificultades, matrimonios fallidos, y familias donde el proveedor está enfermo. No obstante, también es probable que te levantes cada vez que el pastor solicite tus servicios; de hecho, te cuesta negarte a cualquiera que se acerque a ti con una necesidad, un problema o una expectativa. Te unirás a una iglesia activa en proyectos de caridad, y suscribirás una teología en la cual los requisitos para el crecimiento y el «éxito» espiritual estén claramente definidos.

Si tu motivación es *hacer funcionar/volver efectivo*, probablemente en el trabajo te conozcan como «Don Solución», quien ha revivido varios departamentos en problemas. Te enfocarás en personas o máquinas que no funcionan, en programas que no logran despegar. Pasarás cada sábado en la mañana durante seis meses dándole una base sólida a la librería de la iglesia y poniéndola a funcionar apropiadamente. Probablemente te opongas a que se reemplace el sistema de calefacción de la iglesia que sigue fallando. Te unirías a una iglesia que opera con un motor pequeño. Suscribirías a una teología que enseñe la posibilidad de que la humanidad puede trabajar unida en armonía.

Si tu motivación es *dominar/ser experto*, tu lugar de trabajo puede que sea impecablemente pulcro y eficiente. Tal vez estés a cargo de los préstamos de la videoteca de la iglesia, la cual es tan completa como un estudio profesional. No obstante, persistirás en los detalles de una discusión después que todos los demás quieren irse a casa. Le arrojarás un balde de agua fría a cualquier plan que no esté bien pensado. Te alejarás de cualquier actividad o responsabilidad que no puedas controlar adecuadamente o prepararte para ella. Favorecerás una iglesia donde las cosas se hagan decentemente y en orden.

Si estás motivado a *superar/perseverar*, tú eres la persona que tu compañía elige cuando tiene que escalar una montaña. No obstante, comenzarás una escuela sin ninguna planificación detallada ni apoyo financiero. Conducirás toda la noche en una tormenta de nieve para cumplir con una cita. Te enfrentarás al consejo de planificación urbana por tu derecho a criar cerdos en la propiedad de la iglesia. Rechazas el consejo de todos y entras al seminario a los cuarenta y cuatro años. Buscarás una iglesia intentando integrarte por primera vez, o que se reúne junto a unas *delicatessen*, y adherirás a una teología que requiera que el creyente debe sangrar antes de ser salvo, enfatizando las obras.

Hay muchos más ejemplos motivacionales de los que podemos describir aquí. Estas son caracterizaciones y por lo tanto están algo exageradas. En la práctica, variarían un tanto en los detalles de un individuo a otro. Pero son útiles para percibir la manera en que nuestras propias motivaciones tienden a movernos. Nuestro trabajo, nuestra vida en casa y en la iglesia tienden a ser moldeados por nuestros deseos motivados cuando deberíamos intentar reconocer necesidades reales. La iglesia no existe meramente para darnos la oportunidad de hacer lo que queremos. Nuestras tendencias teológicas deben surgir más de convicciones escriturales y menos de inclinaciones personales.

Las Escrituras tienen que ser la norma de la vida y la creencia cristiana, no nuestras motivaciones. Es por ello que escuchar al Espíritu Santo enseñar y confirmar las verdades de la Escritura es de suma importancia a fin de leer lo que la Palabra realmente está diciendo y no lo que nosotros queremos que diga. Debemos someternos al modo en que Dios dispone los dones en la iglesia y las disciplinas escriturales que procuran el bien del conjunto, así como el bien del individuo.

Los años de trabajo con las capacidades motivadas de las personas nos han convencido de la importancia de esto. No vemos ninguna posibilidad de percibir las normas que Dios tiene para nosotros fuera de la Escritura, pero la Escritura tal como es, no torcida para justificar nuestras ideas independientes. Nuestros dones crearán naturalmente una variedad de énfasis, una condición que añade interés, pero jamás deberían introducir confusión.

Hay, además, otros dos correctivos disponibles. Uno se encuentra en el proceso de santificación por el que nos lleva el Espíritu Santo, proceso que en cierto sentido nunca termina en nuestra vida. El otro está en el equilibrio posible en el uso complementario de los dones disponibles en la comunión de otros cristianos. Abordaremos el proceso de santificación en los siguientes capítulos, y posteriormente la comunión cristiana.

08

Jugando a ser Dios

Con todos los ejemplos del capítulo anterior, no debería ser difícil analizar tu propia historia personal y descubrir dónde actuaste compulsivamente para conseguir lo que querías. Es el destino común de la raza humana perseguir reiteradamente la propia visión, metas, proyectos o relaciones personales, afanados en una porfía por salirnos con la nuestra. Cada uno de nosotros sabe lo que es mejor, a pesar de la diversidad de opiniones o posibilidades que existen en una situación determinada.

¿Qué estamos haciendo cuando insistimos en conseguir lo que queremos, cuando usamos los patrones motivados que Dios nos ha dado para intereses egoístas? Nuestra respuesta es que estamos jugando a ser Dios. No solo queremos hacer lo que queramos como lo queramos y cuando lo queramos, sino que además queremos que nuestros deseos tengan prioridad sobre los de todos los demás. Que nuestras intenciones sean respetadas antes que todas las demás es un asunto de prerrogativa divina. Estamos compitiendo con Dios, una contienda que de seguro perderemos, pero que de todos modos iniciamos.

¿Por qué somos tan compulsivos respecto a jugar a ser Dios? Lo llevamos en la sangre. Cuando Adán y Eva decidieron que su comprensión, su percepción de la realidad, debía tener prioridad sobre la de Jehová, adquirieron una enfermedad que se ha convertido en una peste congénita para la humanidad. La racionalidad, la educación, la autodisciplina, la cultura, la ciencia, la psicología, y la ley no han sanado la enfermedad del pecado y no pueden sanarla. El ser humano no tiene poder para sanarse a sí mismo, razón por la cual la Escritura describe a la humanidad como en una situación totalmente desvalida. Solo Jesucristo provee una cura. «Porque así como por la desobediencia de uno solo muchos fueron constituidos pecadores, también por la obediencia de uno solo muchos serán constituidos justos» (Ro 5:19).

Cuando intentamos asumir el rol de Dios, lo hacemos con cierto conocimiento de lo que ello implica. Dado que estamos hechos a su imagen, poseemos un sentido inherente de qué cualidades entraña ese rol, y podemos exhibir una preocupación fanática por ellas.

Una de tales preocupaciones es el intenso deseo de ser intachables. Queremos que nuestra apariencia sea impecable. Queremos que nuestro trabajo esté por sobre la crítica. Nos justificamos en todas nuestras acciones. Somos defensivos respecto a nuestros errores. Tenemos excusas para nuestros fracasos. Ocultamos nuestras fallas.

No solo queremos ser irreprochables, sino que además queremos ser mejores que los demás. Queremos llevarnos el crédito. En comparación con los demás, queremos ser reconocidos como poseedores de más calidad, más cosas materiales, una mejor personalidad, y mayor belleza a pesar de cualquier evidencia en contra. Mediante el uso de cualquier estándar que esté de moda, queremos que se nos ponga por encima del humano común.

Esto no se debe confundir con aquellos cuyo don implica comparación con los demás, aquellos que son genuinamente únicos o que aman la sana competencia o el perfeccionamiento. Nos referimos al apetito en nosotros de estar por sobre todos los demás, el egocentrismo en toda la humanidad.

Tercero, como ya mencionamos, queremos que nuestra voluntad sea suprema. Cuando creemos que algo es de suma importancia, insistimos en que es eso precisamente. También damos por sentado que nuestras prioridades son correctas, nuestra perspectiva es acertada, nuestras percepciones son precisas. En consecuencia, aquello que queremos que se haga en cualquier situación es precisamente lo que creemos que se debe hacer.

Estos síntomas de querer ser Dios son evidentes en algunas personas y en otras están ocultos. Puede que Adolf Hitler y Joseph Stalin hayan usurpado el poder a un nivel que a la mayoría de nosotros nos está vedado, y la magnitud de sus crímenes puede contrastar inmensamente con lo que nosotros pretendemos en la vida. Pero detrás de la máscara de muchas personas benignas se esconde un dictador en cuyas manos una igual oportunidad para el poder ocasionaría bastante poca diferencia en su desempeño. Detrás de todas nuestras fachadas está el hombre que quisiera ser rey.

¿Qué dice Dios al respecto? ¿Cuál es su opinión? Fuego sobre Sodoma y Gomorra, inundaciones sobre la tierra, y plagas sobre Egipto son ejemplos gráficos de la actitud divina. También lo es la muerte en una cruz, y es ese juicio en particular con el que se identifica el cristiano. Ahí está su esperanza: que el dictador en su corazón pueda ser juzgado como malvado, clavado en la cruz, y ejecutado para que no lo atribule más. El título que le da el apóstol Pablo al dictador es la «vieja naturaleza», la cual debe morir en nosotros para ser salvos de sus insaciables exigencias. «Sabemos que nuestra vieja naturaleza fue crucificada con él para que nuestro cuerpo pecaminoso perdiera su poder, de modo que ya no siguiéramos siendo esclavos del pecado» (Ro 6:6).

La voluntad

El «dictador» dentro de nosotros no hace su residencia casual en una de las cámaras exteriores de nuestro ser. Él intenta controlar el centro de comunicaciones y el asiento del poder. Él reside en la voluntad. Allí influencia nuestras relaciones y afecta la naturaleza y la efectividad de nuestro trabajo. La voluntad controla nuestro ser mediante su poder causativo. El material del que está hecha es la intención y la motivación. Los pensamientos y acciones no pueden comenzar sin el poder primordial e iniciador de la voluntad, el corazón de nuestro ser. Es por ello que el rey Salomón nos advirtió en la Escritura: «Por sobre todas las cosas cuida tu corazón, porque de él mana la vida» (Pr 4:23). Jeremías, como vocero de Dios, escribió: «Yo, el Señor, escudriño el corazón, pruebo los pensamientos, para dar a cada uno según sus caminos[1], según el fruto de sus obras» (Jer 17:10 NBLA).

En los relatos de los Evangelios sobre el ministerio de Cristo, podemos ver que él no se preocupaba de los síntomas del pecado, aunque los sanó. Antes bien, él estaba concentrado en la causa, es decir, estaba enfocado en lo que las personas querían en sus vidas. Él miraba el corazón de la gente. «¿Qué es más fácil decir: "Tus pecados quedan perdonados", o "Levántate y anda"?» (Lc 5:23).

1. Desde el hebreo también se define con el sentido de «modo de acción», muy cercano a la palabra *motivación (Strong's Exhaustive Concordance).*

La actitud del corazón es cada vez más el punto de partida de la sanidad efectiva del cuerpo, las emociones, o el intelecto. La primera pregunta en cada uno de estos probablemente debería ser: «¿Quieres estar bien?». El campo de la medicina ha reconocido que las personas que tienen una fuerte voluntad de vivir tienen más probabilidades de sobrevivir que aquellos cuyo voluntario apego a la vida es débil. En la consejería personal, la actitud de la voluntad también es central. Hay quienes pasan mucho tiempo en terapia porque ni el consejero ni el paciente advierten que no existe intención de recuperarse. Nos sorprende el número de personas cuya identidad está ligada a su enfermedad o que temen a las responsabilidades que tendrían que asumir si se recobraran la salud. Las personas pueden familiarizarse tanto con la mala salud que estar bien les parece anormal. Están seguros en la enfermedad, y el guion de sus vidas se puede comparar fácilmente con una telenovela. Pareciera que la dificultad le da sentido a la vida.

Lo que ocurre con la salud física y emocional es también una realidad en la salud intelectual. Hay personas inteligentes que creen cosas extrañas. No necesariamente es debilidad de la mente o irracionalidad lo que las impulsa. Las personas a menudo creen lo que quieren creer, aun cuando reconocen la falsedad en lo que creen. Eso es especialmente perverso, porque una de las principales funciones de la mente es identificar el error.

A modo de ejemplo, uno de nosotros puede contar una historia que ocurrió hace varios años. Me visitó un estudiante al que no había visto en varios años. Él estaba ansioso por defender un híbrido occidental de una religión oriental que había adoptado. Después de intercambiar las novedades acerca de cada uno, no pasó mucho tiempo para que estuviéramos inmersos en una acalorada discusión. Yo esperaba absolutamente ganar la discusión llevándolo paso a paso lógico hacia una esquina, pero en medio de este ajedrez verbal creo que el Espíritu Santo me impulsó a reconocer mi motivación y cuestionar la suya. En mi caso, me di cuenta de que mi objetivo principal era simplemente ganar la discusión. Yo estaba explotando la Verdad para salir victorioso. El correctivo era un rápido arrepentimiento.

Por el bien del estudiante, yo pregunté: «Antes de ir más allá, ¿te puedo hacer una pregunta? Independientemente de lo que resulte ser verdad, ¿estás dispuesto a creer lo que sea verdadero, sin importar si se demuestra que quien tiene la razón eres tú, yo, o alguien más?».

No recuerdo si tuve que repetir esa pregunta tan enrevesada, pero sí recuerdo el extraño silencio mientras él pensaba su respuesta. Yo esperaba un rápido y lógico «por supuesto», pero quedé sorprendido cuando se apagó el entusiasmo en su cara y él buscaba penosamente la verdad. Esperé la respuesta a lo que podía ver que había resultado ser una pregunta inquietante. Su respuesta fue obviamente honesta pero extrañamente brutal cuando soltó un callado «no» en el silencio. Quedé estupefacto cuando ambos nos dimos cuenta de que él estaba dispuesto a creer lo que sabía que era una mentira.

Ese incidente en particular nos ha obligado a evitar cuidadosamente la propaganda al presentar el evangelio y buscar el momento oportuno de Dios en cualquier estrategia apologética. No podemos suponer que las personas siempre quieren ser razonables o que se rendirán a la verdad si se la presentamos con autoridad y claridad. El padre de mentiras realmente trae engaño, pero para colmo, a veces *nosotros* elegimos creer una mentira. La voluntad tiende a doblegar la inteligencia hacia su propio deseo, obstaculizando así el acceso a la verdad.

Puesto que la voluntad es la clave para la salud mental, física y espiritual de cada individuo, Jesucristo nos llama a que convirtamos nuestras intenciones. Jesús insiste en el arrepentimiento, en que lo invitemos a él al centro de nuestro ser para que nos liberte del dominio dictatorial de la «vieja naturaleza», que nos vistamos de una nueva naturaleza, libres para ser obedientes a la voluntad de Dios. Dios quiere ser el objeto de nuestra voluntad, en quien nuestro corazón se sostiene.

La forma de la voluntad

Las frases *tener voluntad* a menudo es afín a la frase *estar motivado*, de modo que cuando escribimos acerca de capacidades motivadas estamos sugiriendo que ellas emergen del centro de nuestro ser. Emergen de la voluntad.

Conocer el patrón de las capacidades motivadas de un individuo es como conocer la forma de la voluntad de esa persona. Es por ello que en el capítulo 6 se describieron como permanentes, consecuentes y controladoras. Ahora sabemos que los dones motivados son una parte inherente de nuestra naturaleza, que cuando tenemos disposición para algo, la tenemos de una manera muy particular. No queremos hacer simplemente cualquier cosa. Solo queremos hacer ciertas cosas, y las hacemos de la manera en que estamos motivados a hacerlas, aun cuando jugamos a ser Dios.

Cuando Dios se encarga de nuestra idolatría, no puede excluir las capacidades motivadas, porque ellas son una de las principales formas en que llevamos a cabo nuestras intenciones egocéntricas. Debe tratarlas de manera radical. Él tiene su método; los cristianos suelen tener el suyo.

Algunos métodos «cristianos»

A los cristianos se les ofrece todo tipo de técnicas que les prometen la posibilidad de alcanzar la madurez espiritual mediante un proceso disciplinado o programa de enseñanza o sumisión a ciertas reglas. A menudo son elaboradas y enseñadas por líderes cristianos que no reparan en que pueden estar imponiendo o proponiendo un sistema que surge de su propio patrón motivacional, o de su entusiasmo por un sistema de disciplina que tuvo éxito en sus propias vidas. Por ejemplo:

- Un líder motivado a controlar es propenso a formar una comunidad de «muerte a uno mismo» donde los participantes rinden su voluntad para satisfacer la del líder.
- Un líder cristiano motivado a construir relaciones con otros probablemente apoye un programa de discipulado de persona a persona.
- Una persona motivada a perseverar no necesariamente va a ser disciplinada mediante duras vigilias de oración y mediante ayuno.
- Un cristiano motivado a ganar reconocimiento podría ser atraído por el movimiento carismático, no necesariamente a causa de sus convicciones teológicas, sino a causa de las oportunidades de visibilidad que podría proveerle.

El tipo de técnicas que se adopten en vista de la disciplina espiritual tiene que ser individual. Un conjunto de reglas creado para disciplinar a una persona que tiene un patrón motivacional de hecho puede incentivar la expresión no santificada del patrón de otra persona.

La Escritura no esboza un programa específico paso a paso con el objetivo de llevar a la madurez a todos los cristianos. Cada individuo requiere una estrategia única. Lo que necesita una persona no funcionará para otra. Lo que atrofia a un cristiano puede ser una señal de salud en otro. Esto es problemático para quienes quieren a los cristianos en un paquete más estandarizado. Sin embargo, Dios nos ha hecho a cada uno únicos y jamás se cansa de ministrar cada necesidad.

Cualquiera que sea el método que él use en cada vida, Dios requiere que dejemos a un lado nuestros ridículos intentos de ser dios. Allí donde nosotros pretendemos ser intachables, él quiere que confesemos nuestro pecado y recibamos el don de la justicia Cristo. Donde nosotros queremos ser mejores que todos los demás, él quiere que seamos humildes y deseosos de que los demás sean alabados. Donde nosotros queremos hacer las cosas a nuestra manera, él quiere que las hagamos a su manera. Donde nosotros querríamos intentar remplazar la mala conducta por buena conducta, él quiere remplazar ambas por santidad. Tantos años de enseñar actitudes erróneas a nuestras emociones e intelecto, tantos años de acumular distorsiones subconscientes e intenciones autocomplacientes, y tantos motivos e ilusiones con los que nos engañamos requieren que nos arrepintamos de ellos y los cambiemos.

El método de Dios

El objetivo de Dios al interferir en nuestra vida para efectuar ese cambio es muy simple. Él quiere que descubramos nuestra verdadera identidad. El método que Dios usa para cambiarnos se llama santificación, y aunque existen desacuerdos teológicos respecto a cómo se lleva a cabo, podemos considerar los aspectos esenciales y definir la santificación como «ser hecho santo». La santidad es una característica esencial de la personalidad de Dios. Como se señaló antes, Dios no escoge entre lo bueno y lo malo. Él consiste en el bien en un grado tan infinito que se inventó la palabra santo para expresar tal rectitud admirable.

A fin de ser compatibles con su naturaleza cuando entramos en una relación con Dios, debemos volvernos santos. «Sean santos, porque Yo soy santo» (Lv 11:44). Hay dos formas de mirar el proceso santificador, y ambas son necesarias para la vida cristiana.

Santidad como un don

En el instante en que nos arrepentimos de nuestro pecado y nos convertimos, de inmediato entramos en una recta relación con Dios. Como nuevos miembros del Cuerpo de Cristo, recibimos el amor de Cristo que nos santifica y nos limpia (ver Ef 5:26). Nótese el uso de Pablo de verbos en tiempo pasado en estos dos versículos: «Desde el principio Dios los escogió para ser salvos, mediante la obra santificadora del Espíritu y la fe que tienen en la verdad» (2Ts 2:13). «Ya han sido lavados, ya han sido santificados, ya han sido justificados en el nombre del Señor Jesucristo» (1Co 6:11). En consecuencia, la santificación ya se ha efectuado, un estatus que el cristiano puede disfrutar.

Santificación como proceso

Pero la santidad también necesita ser trabajada en nuestra vida, por lo cual, en otro sentido, la santificación es un proceso que requiere disciplina y una vigorosa vida cristiana.

> Lleven a cabo su salvación con temor y temblor, pues Dios es quien produce en ustedes tanto el querer como el hacer para que se cumpla su buena voluntad (Fil 2:12-13).
>
> Y ya han olvidado por completo las palabras de aliento que como a hijos se les dirigen: «Hijo mío, no tomes a la ligera la disciplina del Señor ni te desanimes cuando te reprenda, porque el Señor disciplina a los que ama, y azota a todo el que recibe como hijo» (Heb 12:5-6).
>
> Como tenemos estas promesas, queridos hermanos, purifiquémonos de todo lo que contamina el cuerpo y el espíritu, para completar en el temor de Dios la obra de nuestra santificación (2Co 7:1).

«Completar nuestra consagración» es una buena forma de describir el proceso de santificación, porque reconoce una consagración que ya ha acontecido a la vez que también reconoce que nuestra vida todavía debe conformarse al ejemplo de Cristo nuestro Señor.

Mantener el equilibrio

Existe una necesidad de mantener esta mirada doble de la santificación en equilibrio. Si solo nos concentramos en el hecho de nuestra condición santa en Cristo, la obra consumada, recibimos el gozo de ser intachables y libres delante de Dios mientras ignoramos nuestra susceptibilidad a la tentación, por no hablar de la tentación exitosa. La llegada de esta última luego destruye nuestra confianza en la realidad de nuestra salvación.

Si, por otro lado, enfatizamos estándares de conducta, podemos disfrutar la evidencia de la autodisciplina, pero acabar en un legalismo, con su culpa paralizante, cuando cometemos un desliz.

La mirada equilibrada dice que gracias a las acciones de Dios poseemos nuestra salvación *ahora*. No obstante, la expresamos limpiando cada contaminación de nuestro cuerpo y espíritu, completando la obra de santificación en el temor de Dios (2Co 7:1). En suma, se nos da la oportunidad de confirmar nuestra santificación en Cristo mediante una conducta acorde.

Este es un asunto que causa no poca confusión a muchos cristianos. Un enfoque casi esquizofrénico ha confundido a los creyentes en todas partes cuando escuchan la predicación de salvación por gracia mientras se someten a la imposición de un estilo de vida cristiano que en realidad es sumisión a las leyes de conducta cristiana. A nosotros no nos interesa enseñar que debes ser libertado por Cristo de la compulsividad de tus motivaciones, solo para adoptar una esclavitud a reglas de disciplina para mantener esas motivaciones en su sitio. Antes bien, creemos que Dios actúa desde dentro hacia afuera.

Comenzar desde fuera con la conducta correcta (aun si se trata de conducta «cristiana») y esperar que ella cambie la naturaleza interior no es la manera de Dios. Esto no trae salvación; la gracia es la que lo hace (Ef 2:8). Esa gracia está en nosotros en la persona de Jesucristo, dentro de nosotros ahora, afectando radicalmente la fuente de toda conducta (nuestra voluntad). A medida que él toma el control de más niveles de nuestro ser interior, conformando nuestra voluntad a la suya, nuevos patrones de conducta remplazarán cada vez más los viejos patrones de conducta. Este proceso seguirá aumentando, aunque quizá no tan sostenidamente o tan rápidamente como nos gustaría, y a ritmos variados en diferentes personas.

Limitar nuestras preocupaciones, como se suele hacer, a patrones de conducta morales y de estilo de vida es una deficiente apreciación general de la creación. La conducta en casa, en el trabajo, y en el juego está incluida en la gracia de Dios. Así es como nos comportamos en el ámbito intelectual, imaginativo, emocional y motivacional.

Para desarrollar una comprensión de la manera en que los patrones motivacionales son santificados primero se debe reconocer que, si bien Dios es la fuente del patrón, y, por tanto, este es un don y una bendición, también es siempre una potencial maldición, por causa del pecado. El patrón individual de una persona es su principal medio para expresar su egocentrismo, y al mismo tiempo es el medio por el cual puede expresar conformidad con la voluntad de Dios tal como ya está diseñada en su naturaleza.

Estamos conscientes de que existen enseñanzas extremas acerca de la santificación que se han repetido en la historia de la iglesia y aún siguen con nosotros. Por ejemplo, a veces se describe los dones humanos como inútiles. Citamos a algunos cristianos: «No me lo agradezcas. No fui yo quien lo hizo, sino el Señor». «En mí mismo, no puedo amarte. Yo solo soy un canal del amor de Dios hacia ti». «Mi voluntad debe morir, y la voluntad de Dios debe tomar el control». No queremos minimizar la importancia de la humildad. Pero no se debe enfatizar excesivamente a expensas de la gloria de Dios. No honramos a Dios si pretendemos que sus poderes creativos son inferiores a lo que realmente son. Dios no creó robots o marionetas. El genio divino creó al ser humano con una enorme capacidad de querer y hacer.

La obediencia es una clave para comprender este aspecto de nuestra relación con Dios. Los robots no pueden ser obedientes; solo pueden ser programados. Los seres humanos son quienes pueden ser obedientes. Y la obediencia no es que Jesús llegue a nuestra vida y gradualmente remplace nuestra voluntad por la suya, apoderándose de cada área de nuestro ser hasta que él sea el dictador supremo, una especie de fascismo divino. La obediencia requiere de dos voluntades, la voluntad de Dios y la nuestra. Pero nuestra voluntad debe ejercer crecientemente su libertad de elección hacia la obediencia de la voluntad de Dios. Cuanto más vigorosa es nuestra voluntad en el reconocimiento de la rectitud de la voluntad de Dios y la acata, tanto más pura es la obediencia.

09

Convertirse en esa nueva creación en Cristo

En la mayoría de las vidas que hemos estudiado, de aquellos que se han sometido al proceso de santificación, los primeros meses y años tras la conversión se pasan experimentando una variedad de confrontaciones espirituales que son parte del cambio y el crecimiento.

Cambios naturales

Hay cambios que aparentemente no requieren decisiones, sino que emergen de uno naturalmente a causa de la obediencia al llamado de Jesús. Un nuevo amor a los demás y un cambio en el vocabulario son solo dos ejemplos comunes. Parece haber una respuesta espontánea a la presencia de Jesucristo dentro de uno. En algunas personas la respuesta puede ser muy similar a las acciones de un muchacho enamorado. En otros, vemos las acciones de alguien que conoce una nueva presencia en su vida. En cada caso, una diferente actitud interior y a veces un estilo de conducta marcadamente distinto emergen como expresiones naturales de una vida nueva.

Cambios disciplinados

Otros cambios son menos espontáneos y surgen de decisiones obedientes que uno toma a medida que percibe asuntos que el Espíritu Santo le está pidiendo que aborde. Uno descubre una creciente consciencia de que ya no marcha a las órdenes del enemigo de su alma, sino que uno es un príncipe o princesa del Rey de reyes, y de que debería ordenar su vida conforme a ello. Estos son algunos ejemplos:

Excesos

Si tus motivaciones incluyen ciertas clases de capacidades de influencia y disfrutas de estar con personas en situaciones sociales, puede que se te pida que examines tus excesos en la bebida, el tabaco y las fiestas. Otros, con intereses motivacionales más privados, tal vez quieran pensarlo dos veces respecto a ver televisión treinta horas a la semana, leer cinco libros, o trabajar hasta tarde cuatro noches a la semana. Están siendo liberados de las prisiones que ellos mismos se crearon, cualesquiera que sean y dondequiera que estén.

Hábitos

Si tus motivaciones incluyen un rígido sistema de recompensas personales o una insistencia en conducir siempre tu vida de la manera que tú quieres, tal vez se te pida que dejes de hacer esas cosas que «tienes» que hacer para estar feliz o satisfecho; por ejemplo, ver el partido de fútbol del sábado y el domingo, una taza de café a las 10:15 de la mañana, la comida a las 5:30 p. m., la salida el miércoles por la noche, la caminata de todas las demás mañanas, el partido de tenis del domingo en la mañana, o los sagrados momentos a solas. Estás siendo liberado de tus ídolos y osos de peluche.

Relaciones

Si eres fuerte en lograr que las personas se abran a tus consejos y recomendaciones, tal vez tengas que reducir las interminables horas de café y llamadas telefónicas o apariciones día y noche para pedir ayuda con un problema. Estás siendo reorientado y ayudado para que veas lo compulsivo que eres y cómo haces que los demás dependan de ti. (No te preocupes, tendrás todas las relaciones que podrías llegar a desear).

Imaginaciones

Si eres imaginativo motivacionalmente, o por lo demás tienes una vida mental hiperactiva, puede que se te pida que cedas tus patrones de pensamiento que consumen tu tiempo, particularmente si tienden a estar atascados en una mentalidad compulsiva. Esto incluye no solo las fantasías sexuales, sino también las penas que has sufrido o tu planificación, tu preocupación por las posesiones personales, materiales o de estatus de los demás, y los sueños de grandeza y gloria y lo que podría haber sido. La ambición enfermiza también entra en esta categoría.

Irritaciones

Si te motiva obtener resultados o progresar, tal vez tengas malas actitudes acerca de ciertos socios, operadores telefónicos, personas que consideres estúpidas, situaciones que no puedes soportar, personas que no puedes soportar, personas que te enfadan, personas que quieren controlarte, que te pidan que hagas cosas inferiores, o trivialidades que te impidan hacer lo que quieres. Muchas de esas irritaciones necesitan ser examinadas, y se te pedirá que te deshagas de algunas, especialmente en vista del amor de Dios por ti y aquello que te ha perdonado por hacer y ser.

Fachadas y caretas

Dios no puede habitar en la presunción y la falsedad. Muchas personas motivadas a influenciar a otros o a desempeñar ciertos roles tienen diferentes caretas que se ponen para acomodarse a diferentes personas y situaciones. Ya sea que sonrías todo el tiempo, te jactes de ser una persona «directa» en todas las circunstancias, seas un camaleón, seas un santo en público y no tengas tiempo para tu familia, seas diplomático en la oficina y un tirano con tus hijos, o seas un santo el domingo y un cascarrabias el lunes, Dios revelará tu fingimiento para que puedas tomar una decisión distinta.

Si bien lo anterior debería ser parte del objetivo de conducta esperado para ti como cristiano, no parece sabio usar estas u otras recomendaciones similares como estándares para medir si otra persona es cristiana. Existen personas no cristianas que pueden producir patrones de conducta similares. De hecho, existen religiones no cristianas que a menudo producen una mejor conducta.

Cambios internos

En la lista anterior hay elementos que no se pueden eliminar con tomar una decisión. Por mucho que intentes, tal vez descubras que hay pecados asediantes que siguen acosándote aun después de la conversión. Esto es especialmente difícil de tratar si existe clara evidencia de un cambio extraordinario en otras áreas de tu vida donde los hábitos dominantes que te habían afectado por años de pronto fueron quitados sin ningún esfuerzo de tu parte. Muchos exalcohólicos o exdrogadictos pueden testificar de la realidad de tales cambios repentinos.

Por favor, recuerda que lo que la Biblia denomina pecados asediantes no son evidencia de una experiencia de conversión parcial. O somos cristianos o no lo somos, espiritualmente vivos o espiritualmente muertos. Es cierto que algunos nuevos nacimientos son vigorosos, otros no tanto. Eso indica grados de vitalidad que afectan la calidad de la vida cristiana, pero la cuestión de si una persona es o no cristiana está totalmente zanjada y no depende del actual nivel de madurez espiritual de uno.

Para muchos, los pecados asediantes pueden ser vencidos mediante el aumento de la fortaleza espiritual, llevando una vida cristiana apática hacia un mayor vigor mediante dieta y ejercicio espirituales apropiados. Pero aquellos que poseen un estilo de vida espiritual saludable y vital pero todavía son afectados por acciones, temores y otras respuestas discordantes, necesitan descansar en el hecho antes mencionado de que Dios trabaja desde dentro hacia afuera. En este tipo de situación no es una buena estrategia intentar revertir el proceso divino imponiendo el rigor de la autodisciplina sobre los síntomas. Eso genera las experiencias de frío y caliente con altos emocionales durante periodos de éxito y desesperados bajos en tiempos de fracaso, con sus dudas asociadas sobre la realidad de ser un hijo de Dios.

Tú eres un cristiano por medio de un acuerdo de pacto que continúa a pesar de tus sentimientos. Cuando una persona está casada, está vinculada por un acuerdo contractual que es un hecho independientemente de si la persona luce casada o no, de si se siente casada o no. De modo similar, tu relación de pacto con Dios está plenamente establecida. Nuestra aflicción por patrones aparentemente incontrolables de sentimiento o de conducta puede ser la evidencia de que nuestra relación con Dios es efectiva; de lo contrario, no nos importaría mucho.

Algunas de estas cualidades hondamente arraigadas pueden estar en tu conducta motivada. Algunas personas tienen un gran temor al rechazo si para ellas el construir relaciones es motivacionalmente crucial. Otros tienen especial ansiedad por las inversiones que han hecho si ganar dinero es para ellos de suma importancia. Las personas con una fuerte motivación por controlar situaciones y a otras personas pueden desarrollar una increíble variedad de técnicas y ardides compulsivos para hacer siempre las cosas a su manera, como también una profunda hostilidad hacia aquello que podría quitarles ese poder. Por una variedad de razones motivacionales, las personas están inclinadas a confiar en sí mismas para que se haga lo que ellas quieren que se haga y no confiar en que Dios las bendiga, de manera que en sus almas se alojan toda clase de hábitos y obsesiones.

Otros patrones de conducta difíciles de cambiar son de naturaleza psicológica o emocional. Nuestra sociedad psicológicamente orientada posee un rico vocabulario para contribuir aquí: fobia, neurosis, compulsión, desorden nervioso, trauma, y conducta aberrante. Cualquiera que sea el término, tales personas reaccionan o se comportan de formas que de ninguna manera se pueden considerar saludables. Estas son situaciones que requieren consejería capacitada, y si piensas que la necesitas, te animamos a buscar un consejero que combine dones profesionales con los dones espirituales de discernimiento y sabiduría. Recuerda estos conocidos versículos: «Vengan a mí todos ustedes que están cansados y agobiados, y yo les daré descanso. Carguen con mi yugo y aprendan de mí, pues yo soy apacible y humilde de corazón, y encontrarán descanso para su alma. Porque mi yugo es suave y mi carga es liviana» (Mt 11:28-30).

No te sorprendas por tus derrotas, sino espera la victoria de Dios. Aléjate de las interminables autoevaluaciones de tus fracasos hacia la posición donde haces responsable del éxito a Dios, pues a fin de cuentas él es la *única* fuente. «El secreto es: Cristo vive en ustedes. Eso les da la seguridad de que participarán de su gloria» (Col 1:27 NTV). Este pasaje describe una inmensa fuerza personal dentro de nosotros que con seguridad llevará todo lo que esté conectado con ella al estado de gloria. Ábrele a él las cámaras secretas de tu corazón para recibir remodelación y restauración. Relaciona esos espacios con el Cristo que mora en ti, y descubrirás la belleza en tanto que se le permita residir en cada planta de tu morada interior y tomar el control, en cada habitación.

Aunque la mayoría de los cristianos se complacen en señalar los éxitos fáciles que llegan al momento de la conversión, la mayoría no hablan de la batalla secreta que continúa en un área u otra después de la conversión. Pareciera ser un hecho de la madurez cristiana que estamos involucrados en guerras internas de repercusiones no menores. Sospechamos que aquellos que no lo están han permitido que su falta de autoconocimiento detenga su crecimiento o están demasiado anémicos para entrar en conflicto. Las batallas más fieras tienen lugar en aquellos que han sido expuestos a una larga historia de exitosas operaciones enemigas en el interior. Tal historia de devastaciones internas requiere un proceso de reversión constructiva de parte de Cristo en nosotros.

Pareciera que un elemento común en este tipo de problemas es que casi siempre están arraigados en la integridad de nuestro ser, la plenitud de la identidad y dignidad de uno mismo. Los pecados de temor están relacionados con la inseguridad de sí mismo. Los pecados y distorsiones sexuales suelen ser evidencia de una naturaleza del yo dañada. Lo mismo que los sentimientos de inferioridad, los cuales son evidencia de mentiras en la manera en que uno evalúa el valor de sí mismo.

Dios trabaja sostenidamente en nuestro ser más íntimo con esa clase de pecados, porque no es fácil deshacerse de ellos. Están relacionados con nuestro corazón y requieren cambios internos en nosotros para ser eliminados. Dios no transgrede los territorios interiores de nuestra personalidad. Se debe ejercer la voluntad, la cual concede permiso para el cambio y en ese acto ella misma es cambiada.

Podemos descubrir que Dios es nuestra seguridad última y revivir los tiempos cuando tal conocimiento no era posible, con lo cual fundimos la verdad con aquellos recuerdos, y cambiamos su efecto en el presente. Podemos descubrir el modelo de sexualidad que Dios tiene para nosotros, con lo cual traemos integridad a nuestra naturaleza y su expresión hacia los demás. La inferioridad se puede superar gradualmente a medida que localizamos y adoptamos los buenos dones dentro de nosotros y tenemos comunión con el amoroso dador de esos dones. El precio que otros escribieron en nuestra etiqueta puede ser remplazado por lo que Cristo realmente pagó por nosotros.

Las respuestas rápidas son una vana esperanza para los problemas que involucran el material del que está hecha nuestra personalidad. Debemos asentir al proceso de desarrollo, sabiendo que requiere tiempo. Pero lo hacemos con esperanza, con el conocimiento del deseo de Dios de que lleguemos a ser los hombres y mujeres singular y plenamente desarrollados que él nos creó para que fuéramos.

Cambios en nuestro trabajo

El cristiano que se toma en serio la unión con Cristo puede esperar que cualquier cosa que afecte negativamente la calidad del fruto espiritual producido en su vida reciba alguna atención divina. Ya sea que operes una empresa, una herramienta, o un taller de lubricación; ya sea que te llamen mamá, doctor, u oye tú; ya sea que te ganes la vida cultivando o debatiendo, que vendas o compres, ensambles o mantengas, en primera línea o en los cuarteles; nada de esto hace mucha diferencia. Tú debes producir buen fruto que agrade a Dios.

Tal vez tú trabajes en una pequeña especialidad en una vasta función de una enorme organización. Si estás bien ubicado donde estás, hay una forma de realizar ese trabajo que es digna de elogio, y que tú funciones de ese modo es importante para ti y para Dios. Analiza un libro sobre la fisiología de algún órgano específico o un gusano de arena y dinos si Dios no se preocupa de los detalles o de lo que sucede en el departamento AU-792. ¿Piensas que a Dios no le interesa un as al primer saque, el agua gasificada, la salsa de tomates ligera pero pegajosa, la ropa que realza quien eres, los cachalotes, la ingeniería de combustión eficiente, las manzanas saludables, los archivos ordenados, las lecturas estimulantes sobre economía, la disciplina amorosa, los amortiguadores duraderos, recoger la basura sin ruido? Nada de esto es remotamente posible sin él.

¿Crees que a Aquel que soportó la agonía por ti no le preocupa tu forma descuidada e indisciplinada de proceder con los diez talentos que él te dio para que invirtieras? Mira cada una de las siguientes áreas problemáticas comunes ligadas a tu conducta motivada. Fíjate si alguna requiere tu atención.

Habilidad

Si tu fundamento de conocimiento es superficial (porque estás motivado a aprender solo para asegurar algún objetivo inmediato); tu calidad es un poco mediocre (porque solo te motiva cumplir con los estándares que fijan tus pares); tu predilección es tomar atajos cuestionables (porque solo quieres terminar e irte a casa); tu tacto está un poco desgastado (porque te has concentrado demasiado en el ascenso); tu meticulosidad suele ser nula (porque estás motivado a pasar al siguiente proyecto); o tu apertura a la nueva tecnología es algo dudosa (porque te encanta ser el experto y ya conoces la vieja tecnología); si es así, puede que comiences a recibir golpecitos interiores (o un fuerte sacudón) para mejorar tu educación, terminar con una mala práctica, llenar un vacío en tu arsenal, o pasar más tiempo haciendo algo que nadie más ve, aunque el pago sea incierto. Dios es el hábil Maestro y quisiera que tu destreza sea incuestionable.

Relaciones

Si solo tienes tiempo para las personas que pueden hacer algo por ti (porque tu motivación es explotar el potencial); si descubres que tiendes a menospreciar a otros (porque estás motivado a estar a cargo); si descubres amplias áreas de tu vida, pensamiento y sentimientos cerradas a los extraños (a causa de tu hipersensibilidad a las apariencias y las impresiones); si tienes dureza de corazón respecto a ciertas personas con las que trabajas (porque no se dejan influenciar por tu don de la persuasión); si lo único que conoces acerca de tus asistentes es su vida laboral (porque estás totalmente absorto en tu trabajo); si no te interesas lo suficiente por las personas que trabajan para ti para involucrarte con ellas (porque le temes a tu incapacidad de seguir impresionándolas); si solo ves a los demás como almas para ser salvadas y no como personas que son creación de Dios (porque estás orientado a los números y los resultados); si esto es así, puede que Dios comience a abrirte a nuevas relaciones, a ablandar tu dureza, a abrir tus ojos a las necesidades que puedes suplir. Dios es el autor del amor y quiere que seas como un vaso para dar su amor a los demás, así que él necesita usar tus dones (sus dones, de hecho), pero no puede hacerlo a menos que te enfoques en él y no en ti mismo.

Estrés y presión

Como cristiano, tu corazón no debe estar atado a la aprobación humana. Tienes que servir debidamente a tu prójimo, pero no trabajas para agradar a la gente, sino a Dios. Cualquier tendencia a estar arriba o abajo según las vicisitudes del día, cualquier desmoralización porque hay personas «importantes» mirándote, cualquier agonía por la posibilidad del despido, probablemente sea evidencia de que tus tesoros están en el mercado del oro, no en el fruto eterno. Dios quiere ayudarte a vivir en el mundo, pero no que estés esclavizado por sus sistemas.

Tu forma de responder a la presión es un testimonio. Tu forma de manejar una decepción es un testimonio. Tu forma de tomar la crítica y la reprensión —justa o injusta— habla más que cien testimonios.

La zona gris

Si tiendes a vivir con verdades parciales, haces promesas que no puedes cumplir, traicionas la confianza, das falsas impresiones, dices palabras hirientes, dices groserías, denigras, o atraes un mal tipo de atención, Dios quiere purificarte con la verdad y amonestarte por el pecado en tu corazón y lengua.

Ceder nuestros juguetitos y «pequeños placeres» de la vida, enfrentar nuestras neurosis y actos de egoísmo y arrogancia, hacer lo psicológicamente agotador, no es algo que muchos queramos enfrentar. En efecto, si hay alguna salida, la mayoría evitaremos abordar esos problemas, al menos los más graves.

Los anteriores pecados «menores» (a ojos de la gente, no de Dios) nos impiden ser quienes deberíamos ser. También perturban la vida de los demás. Además, le niegan a Cristo la fragancia de los dones bien invertidos y utilizados, y ese no puede ser un asunto menor.

Acerca de las expectativas de los demás

Ten cuidado de que los principios que descubres en el éxito espiritual que experimentas no se convierta en tu vara de medir a los demás. Reconoce las diferencias motivacionales. Aquello que tú puedes manejar con gracia y compostura puede ser irritante para otro. Sin embargo, las circunstancias que otra persona apenas notaría podrían provocar en ti una conducta impropia de un león atrapado.

Para dar una simple ilustración, una persona motivada a actuar libre de restricciones puede pelear con todo el ánimo, la astucia y la ética de Jack el Destripador si uno lo apremia. Otra persona puede disfrutar de la definición y los parámetros, pero puede enfadarse lentamente si la ponen en una situación de prioridades en conflicto y trabaja con un jefe no gerencial.

De manera similar, una persona independiente motivada a controlar firmemente a aquellos de quienes procura una respuesta específica se irrita cada vez más por la insistencia del nuevo jefe en seguir detalladamente las directrices de la compañía. Por otra parte, la persona motivada a seguir instrucciones y cumplir requerimientos piensa que el nuevo jefe es un don de Dios.

Si existe tal diversidad de reacción tan solo a los factores de estructura y definición, podrás ver las enormes posibilidades para las diferencias y las críticas dado el rango de otros factores en un patrón motivacional. Lo que se espera de cada cristiano depende de dónde se necesita la atención, cuánta gracia ha recibido, y cuánto ha avanzado en el camino de la madurez espiritual.

Nuevas alternativas; los pasos de la renovación

Hasta este punto hemos visto que ser cristiano significa que abordamos nuestros malos hábitos y formas de conducir nuestra vida cooperando con la obra de Dios de sacarnos de nuestras compulsiones egocéntricas y llevarnos a la libertad de ser quienes él pretende que seamos. Su deseo es que vivamos en plenitud la herencia de estar hechos a su imagen, lo que significa que, al igual que él, debemos ser libres.

Dado que tendemos a definir la libertad principalmente como una oportunidad de hacer lo que queramos, cuando lo queramos, solo por nuestro bien, Dios necesita remplazar nuestras pequeñas licencias por su libertad consumada. Recordemos la Escritura: «Así que, si el Hijo los libera, serán ustedes verdaderamente libres» (Jn 8:36). En este versículo obtenemos un sentido del contraste entre lo que el experto en libertad sabe que es real y nuestros pobres sustitutos. El hecho de que efectivamente perseguimos sustitutos sugiere que tenemos una capacidad para la genuina libertad. Pero para obtenerla, nuestros sustitutos tienen que desaparecer. Deben ser eliminados.

El proceso de remoción es parte de la santificación, y se centra en el área de nuestras fortalezas, no tanto donde somos débiles. Es donde estamos dotados que Dios debe tratar seriamente nuestro egocentrismo. Nuestros dones pueden ser aplicados para cumplir la voluntad de Dios en nuestras vidas, o pueden ser mal usados para hacer lo que nosotros queremos. Nuestros calabozos pueden tener el mismo nombre de nuestros dones, pero una vez que hemos identificado nuestros dones motivacionales, tenemos un modo de discernir cuándo estamos presos y cuándo estamos libres. El discernimiento es necesario porque Satanás puede engañarnos fácilmente. Él engaña a los cristianos para que «hagan las cosas a su manera» y glorifiquen su ego sin reparar en lo que realmente está ocurriendo.

Todos los cristianos saben que «hacer las cosas a la manera de uno» es algo mortal, pero normalmente lo asocian al hedonismo. No ven a Satanás operando en el área de los dones. Allí él tienta a los cristianos a asumir tareas espirituales o ministerios que no son naturales para ellos («Sí, con gusto enseñaré en la escuela dominical») y les hace creer que, dado que el objetivo es espiritual, Dios puede pasar por alto la presunción. Dios no va a transgredir la manera en que te hizo llamándote a asumir un ministerio u otra labor espiritual que no esté en armonía con su propósito al crearte. Cristo actúa de manera encarnacional en tu cuerpo, mente y espíritu para permitirte actuar cada vez más como la persona que Dios te creó para que fueras. El intento de seguir algún otro llamado transgrede su propósito creativo para ti.

Esto de ninguna manera significa que Dios jamás nos pondrá en situaciones donde debamos actuar de formas que no concuerden con nuestros dones. (Alguien tiene que lavar los platos y limpiar después de la fiesta si las personas realmente buenas en esta tarea no están presentes). La experiencia práctica lo niega. Es solo que nunca debemos esperar que esa sea la norma. Además, hay ocasiones cuando la efectiva negación de nuestros dones está en el plan de Dios, como podemos ver cuando consideramos los pasos básicos implicados cuando somos hechos una nueva creación en Cristo.

Paso uno: Acepta la voluntad de Dios para ti

El primer paso en el proceso de renovación se corresponde con el primer paso en la secuencia de sucesos de la pasión de Cristo. Cuando visualizamos a Jesús en el Huerto de Getsemaní, vemos a un hombre que tenía que enfrentar sucesos horribles en su vida, sucesos que eran parte del plan de Dios para su vida. Podemos estar seguros de que él tenía la esperanza de otro escenario, porque dijo: «Si es posible, que pase de mí esta copa» (Mt 26:39 NTV). El sudor y la sangre demostraban la intensidad de la petición. Pero Jesús pasó por la agonía de la aceptación para concluir en el mismo verso: «Sin embargo, quiero que se haga tu voluntad, no la mía». La aceptación marcó una enorme diferencia en su vida, y la aceptación abre el camino a una diferencia en la nuestra.

Si vamos a seguir a Cristo, nosotros, al igual que él, debemos entregarnos al lugar que se nos ha asignado en la creación. Debemos abandonar cualquier queja acerca de nuestro puesto y sustituirla por una aceptación de la voluntad del Padre. Quizá mires el don de otra persona y supongas que serías feliz si lo tuvieras. La realidad es que tales consideraciones son absurdas. Ser tú es tener los dones que tú tienes. No puedes ser otro que quien eres, y no puedes tener lo que no se te concede. «Que cada uno cargue con su propia responsabilidad» (Gá 6:5).

Tal vez no seas todo lo bello, apuesto, inteligente o talentoso que sientes que deberías ser. Tal vez te obsesiones con fantasías sobre lo que desearías ser y te afliges por lo que no eres. No solo no se te pudo consultar acerca del tiempo, el lugar y las condiciones de tu nacimiento y crianza, sino que, una vez que llegaste al mundo, también descubriste que tu potencial era defectuoso debido al pecado que inicialmente no pediste, y todas tus esperanzas estaban amenazadas por los riesgos de una existencia azarosa.

Todo eso es cierto. No obstante, sabiendo que a Dios no lo tomó por sorpresa la caída del ser humano, debemos concluir que podemos confiar en lo que sea que él esté haciendo, no solo por el mundo, sino también por nosotros. Necesitamos enfocar nuestras energías en el plan de juego de Dios, no desperdiciarlas en ensoñaciones o en quejas por aquello que no es posible cambiar.

Puedes confiar en que al final todo lo de mala calidad e insuficiente, lo malo o feo, será tratado. El objetivo de Dios es la redención. Cuando entramos en la salvación de Dios, nos situamos en armonía con las intenciones de Dios, de manera que la mala calidad y la insuficiencia en nosotros deben ser transformadas, no solo al final de la historia, sino desde ya.

Pero necesitamos participar en el proceso de Dios. A pesar de su apariencia, aunque las circunstancias actuales no sean como quisiéramos, al final de la historia estaremos satisfechos. Debemos tener esto presente cuando observamos nuestra vida inmediata, así como nuestro destino. No debemos discutir acerca de las capacidades motivacionales que hemos descubierto tal como no debemos discutir con Dios sobre nuestra estatura o el color de nuestro cabello. «¿Acaso discute la olla de barro con su hacedor? ¿Reprocha el barro al que le da forma diciéndole: "¡Detente, lo estás haciendo mal!"? ¿Exclama la olla: "¡Qué torpe eres!"?» (Is 45:9 NTV).

Considerando cuáles son las promesas eternas —que seremos coherederos con Cristo, nos vestiremos de inmortalidad, se nos darán experiencias extáticas, veremos a Dios—, el rol más mínimo que se nos pudiera dar en la vida aún es un don tan admirable que más nos vale ser agradecidos. Seamos agradecidos, independientemente de quienes seamos. Tenemos al menos el don incomprensible, un fundamento que ciertamente tendrá enormes consecuencias.

Paso dos: Actúa como quien eres

Habiendo descubierto la inevitable bendición del ser mismo, entra en ella siendo quien eres y lo que eres tanto como te sea posible. Evidentemente, existe un misterio inescrutable acerca de cómo y por qué nacemos al proceso del tiempo y la peculiaridad de todo lo bueno y lo malo que se nos añade. No es posible comprender ese misterio. Solo debemos responder con una aceptación incondicional de quienes somos y quien es Dios.

> ¿Acaso le dirá la olla de barro al que la modeló: «¿Por qué me hiciste así?»? ¿No tiene derecho el alfarero de hacer del mismo barro unas vasijas para usos especiales y otras para fines ordinarios? (Ro 9:20-21).

Si tienes un don que te pone al frente de la gente, no intentes enclaustrarte pensando que agradas a Dios. Toma el lugar que te corresponde. Si tienes un don para hacer dinero, no le pidas a Dios que te lo quite (él tendría que quitarte a ti), sino busca una forma de hacer dinero para darles a los necesitados. Si tienes un enorme don y eres un tesoro en la iglesia, no te consideres más valioso; o, si tu don es común, menos valioso. Si los demás te reconocen como un tesoro, no juegues con la alabanza, sino sé agradecido. Si tienes un don no reconocido y te conduces de manera modesta, no permitas que la codicia de atención envenene la belleza que Dios está formando en ti.

Sazona tus días y caminos con oraciones de rendición, y sé quien Dios te creó para que fueras. No existe otra forma en que puedas estar satisfecho. Ríndete a su voluntad y sé aquello que él pretende antes que lo que tú o los demás desean. Con la fuerza del Espíritu Santo, vive las palabras de Jesús en el Getsemaní.

Paso tres: Toma tu cruz diariamente

«He sido crucificado con Cristo, y ya no vivo yo, sino que Cristo vive en mí» (Gá 2:20). Este es uno de los versículos famosos de la Biblia, pero al mismo tiempo es un pasaje de la Escritura muy singular, especialmente si lo miramos desde el punto de vista lógico.

Se afirma que: Yo estoy muerto.

Yo estoy vivo.

Soy yo.

No soy yo; es Cristo. Todo esto al mismo tiempo.

Es una paradoja, desde luego.

El cristiano entra en esta paradójica relación con el Señor y puede afirmar que cuando está muerto al ejercicio compulsivo de sus dones, Dios está usándolos. Cuando esa es nuestra experiencia real, otros descubren un especial encanto en nuestro trabajo y andar con el Señor. Pero, una vez más, esto solo es posible si nuestros dones son «crucificados», es decir, cuando estamos dispuestos a morir al uso de nuestros dones como, cuando y donde *nosotros* queramos.

Un camino a la madurez cristiana reside en esta verdad. No importa qué tan grandes o pequeños sean los dones, *todos* los dones deben ser crucificados. Todos vienen de Dios y todos le deben ser devueltos incondicionalmente. «El que halla su vida, la perderá; y el que pierde su vida por causa de mí, la hallará» (Mt 10:39 RVC).

Hay muchos cristianos desdichados, espiritualmente esquizofrénicos, que aparentemente se entregaron al Señor, pero sus dones y motivaciones no los siguieron. Dicen que desean agradar a Dios, pero sus capacidades son egocéntricas, no han sido rendidas, y esencialmente no dan fruto. El problema es aún más penoso cuando los dones son grandes. La gente ve y se asombra por capacidades enfocadas tan descaradamente en elevar el ego, todo ello aparentando servir a Dios.

Este principio aplica no solo a los dones que puedes usar, sino también cuando las circunstancias impiden su ejercicio. Hay ocasiones cuando nuestros deseos deben ser dejados a un lado por la mayor satisfacción que llega cuando se nos pide que tomemos nuestra cruz.

Experimentamos la crucifixión y la muerte efectiva del ego cuando estamos dispuestos a renunciar a nuestra motivación y aceptar las circunstancias o el rol, o ausencia de rol, que Dios elige darnos por causa de él o de otra persona. Estarse quemando con la respuesta y no decirla, ser subordinado cuando eres el mejor para liderar, seguir instrucciones que se sabe que son ineficientes, darle toda la atención a alguien que se contrapone a tus deseos motivacionales; todos estos son ejemplos de ser crucificado con Cristo, si te rindes a él, desde luego, para hacer lo que para él es correcto.

Así es como tomas tu cruz, pero lo haces consciente del mandato de seguir: «Si alguien quiere ser mi discípulo, tiene que negarse a sí mismo, tomar su cruz y seguirme» (Mt 16:24). Porque Jesucristo está avanzando desde la crucifixión y muerte hacia la resurrección. A pesar de los clavos, la sangre y el cuerpo torturado y herido; a pesar de la agonía; a pesar de las apariencias; no hay ninguna posibilidad de fracaso final en Dios. Jesucristo no se quedó muerto, ni tampoco nosotros. La advertencia de Dios es clara y severa:

> El fuego la dará a conocer, y pondrá a prueba la calidad del trabajo de cada uno. Si lo que alguien ha construido permanece, recibirá su recompensa, pero, si su obra es consumida por las llamas, él sufrirá pérdida. Será salvo, pero como quien pasa por el fuego (1Co 3:13-15).

Cuando ese fuego (la presencia de Dios) ponga a prueba tu trabajo, será consumido, si en última instancia es tuyo. Si en última instancia es de Dios (¡tú lo rendiste!), perdurará.

El mundo y la iglesia están agobiados por un desfile de cristianos que ejercen dones sin tener heridas, sin conocer la muerte, sin cicatrices, actuando de forma independiente, como si no pertenecieran a un Señor crucificado y no tuvieran que transitar la Vía Dolorosa con él.

Cuando las iglesias se preocupan del negocio del espectáculo, de imitar el mundo, de las celebridades, de nombres y números, y de la multitud y el reconocimiento, demuestran que no han logrado entender que Jesús debe ser la atracción. Él dijo: «Cuando yo sea levantado de la tierra, atraeré a todos hacia mí» (Jn 12:32 NTV). El medio de atracción de Dios es alguien ensangrentado, y cualquiera que quiera honrar a Dios debe participar de esa muerte; y cada trabajo que haga, cada motivación que tenga, cada logro que consiga, debe participar de lo mismo. Deja tu don en el altar y no lo tomes hasta que él te lo devuelva.

Recuerda una vez más que la Escritura enseña que cualquier cosa que hagamos, la hagamos de corazón como para el Señor y no para la gente (Col 3:23). Sea lo que sea: trabajar o jugar, limpiar, lavar, comer, vivir, cavar, construir, conversar, enseñar, dirigir, caminar, conducir, aprender; haz todo esto como para el Señor, pero un Señor crucificado. Todo esto debe ser crucificado, porque nada de esto tendrá resurrección, ni vida ni sentido sin la cruz.

Paso cuatro: Vive en la verdad de la resurrección

El proceso de santificación, no obstante, no está completo en la crucifixión. Porque, por supuesto, el evangelio es buena noticia y es más extenso y más positivo que solo eso. La historia cristiana es una historia de vida. Además (para usar las palabras de Jesús), se trata de vida abundante. Y esta nos llega por medio de la resurrección de Jesús.

Dado que, como cristianos, sabemos que este mundo jamás puede ser realmente nuestro hogar, hay un justificado pesimismo respecto a la manera en que funciona el mundo. No obstante, eso no debe apagar nuestra alegría en la verdad del evangelio que dice que el final de la historia será placenteramente satisfactorio. Debemos apoyarnos en esa esperanza y ocuparnos en demostrar con nuestro trabajo y testimonio que somos el producto del poder de la resurrección. Aunque el ejercicio de nuestros dones y capacidades acontece en medio de un mundo que persigue ávidamente la muerte, no supongas que dicho ejercicio es fútil. Debemos creer que Dios pretende usar nuestros dones de formas que realmente tendrán consecuencias eternas tanto para nosotros como para los demás. Aquello que recibe vida del Espíritu de Dios perdura. Eso es posible para nosotros porque somos nuevas criaturas en Cristo. «Renuévense en el espíritu de su mente, y revístanse de la nueva naturaleza, creada en conformidad con Dios» (Ef 4:23-24 RVC).

La pregunta que cabe hacer aquí es si este revestimiento con la nueva naturaleza significa un cambio en el patrón motivacional de un individuo. ¿No es esto parte de tener una nueva naturaleza en Cristo?

Nuestra evidencia demuestra que los patrones motivacionales no cambian cuando una persona se vuelve cristiana. Los elementos que se ven antes de la conversión se observan después de la conversión. Esto es desconcertante para las personas que esperan que sea diferente, pero quizá entenderemos mejor nuestra posición en Cristo si vemos que la intención de Dios para nosotros no es el remplazo de quienes somos, sino la redención de quienes somos. La manera en que Dios nos creó, incluido nuestro patrón motivacional básico, no es mala. Lo que nos sucedió en la caída y nuestras subsecuentes malas decisiones es tan malo que no había nada que pudiéramos hacer para corregirlo.

La redención significa llevarnos de vuelta a aquello que Dios pretendía originalmente, pero gracias a la abundancia de su naturaleza, él va más allá de la mera restauración al Edén. Quienes en otro tiempo fuimos inferiores a los ángeles somos hechos coherederos con Jesucristo. La conversión nos causa alegría por el hecho de que se nos permite llegar a ser quienes habíamos sido hechos originalmente más bien que alguien totalmente diferente. La renovación acontece cuando somos resucitados en la conversión; y la santificación causa un cambio radical, no en el don que tenemos, sino en su propósito y uso.

Antes de venir a Cristo, estamos motivados a destacar, prevalecer, construir cosas visibles, superar obstáculos imposibles, ganar honores, ser pioneros en nuevos territorios, causar un impacto en otros, etc. Y el objetivo, francamente, era que pudiéramos, al igual que Dios, ser adorados, exaltados, alabados, honrados. Todas las motivaciones naturales hacen que el ser humano compita con Dios. Esa es nuestra naturaleza caída.

Después que hemos creído en Jesucristo como nuestro Señor y nos hemos sometido a la santificación, entramos en un proceso que, si se le permite continuar, gradualmente llevará a cabo una transformación de nuestra motivación. En lugar de ejercer nuestras capacidades motivadas con el fin de ser el objeto de adoración de los demás, llegamos a una condición del corazón en la que las ejercemos para agradar y servir al Señor. Dios es la bienvenida audiencia.

Paso cinco: Permanecer en Cristo

A través de los años, el proceso de renovación requiere que permanezcamos en Cristo.

> Permanezcan en mí, y yo permaneceré en ustedes. Así como ninguna rama puede dar fruto por sí misma, sino que tiene que

> permanecer en la vid, así tampoco ustedes pueden dar fruto si no permanecen en mí. Yo soy la vid y ustedes son las ramas. El que permanece en mí, como yo en él, dará mucho fruto; separados de mí no pueden ustedes hacer nada (Jn 15:4-5).

> Por eso, de la manera que recibieron a Cristo Jesús como Señor, vivan ahora en él, arraigados y edificados en él, confirmados en la fe como se les enseñó, y llenos de gratitud (Col 2:6-7).

Cuando uno le acredita a Dios los dones y motivaciones, las nuevas dimensiones que llegan a nuestra vida involucran el trabajo de nuestras manos. El trabajo diario es el lugar donde puedes permanecer en Cristo y él en ti. No es solo un asunto del domingo en la mañana. No hay otra vida y situación más espirituales adonde el Señor preferiría dirigir su atención.

En el supuesto de que estás en el trabajo o rol que hace uso de los dones del Señor, el lugar donde estás es donde puedes percibir especialmente que él está. Ahí es precisamente donde debes llevar a cabo tu salvación con temor y temblor, mientras Dios trabaja en ti, inspirando tanto tu voluntad como tus actos para el propósito que él ha escogido. «Pues Dios es quien produce en ustedes tanto el querer como el hacer para que se cumpla su buena voluntad» (Fil 2:13).

¿Qué se debe hacer para permanecer en Cristo? Considera todo lo que pienses, pruebes, veas, sientas, oigas y hagas como algo que a Dios le interesa. Desarrolla una sensibilidad a la voz de Dios en tus pensamientos y a la mano de Dios que dispone tus circunstancias. Procura tener un corazón obediente de modo que estés presto para entregar en las manos de Dios una situación que se ha salido de control; para actuar cuando eres responsable de decidir, aun ante la duda y las interrogantes; para liberar el resentimiento que sentiste cuando te criticaron; para estar tranquilo en presencia de la sabiduría superior de un competidor; para buscar la fortaleza de Dios cuando se requiere el día de reposo. Apresúrate a pedir ayuda en lugar de presumir que puedes solo; a intentar comprender en lugar de reaccionar de formas convencionales.

Da gracias, alaba y adora a Aquel que adorna tu vida cuando juzgas afirmaciones conflictivas, y quien te conmovió hasta las lágrimas con un acto tan amoroso, tan escondido en los diminutos recovecos de tu vida que nadie excepto él podría haber conocido.

Reconoce que permanecer en Cristo tiene su faceta literal también. La iglesia es el Cuerpo de Cristo, y es esencial estar unido a ella si esperas florecer como cristiano. Dado que Dios no nos dio a cada uno todos los dones, nos hizo dependientes unos de otros. Cada uno necesita los dones de los otros, y necesitamos un cuerpo de creyentes con líderes capacitados para coordinar un ejercicio equilibrado de todos los dones para que *todos* florezcan.

En resumen

El proceso de santificación que hemos descrito (un abordamiento parcial, ciertamente) es suficiente para apoyar al novato y recordar al experimentado. Las instrucciones bíblicas de caminar en el Espíritu y no en la carne (rendición, tomar nuestra cruz diariamente, vivir en la vida resucitada de Jesús) son básicas para el proceso de renovación que trae como resultado la formación del nuevo hombre o la nueva mujer.

Pero en medio de todo esto, a través de los años de caminar con el Señor, los elementos y el impulso de tu diseño, tu patrón motivacional y tu dirección permanecen iguales. Sin embargo, en tanto que creces desde ser un bebé en Cristo hasta donde tu corazón es quebrantado y ablandado, tus pensamientos son cada vez más residentes de la belleza y la gracia de Dios. Descubrirás que eres menos compulsivo respecto a cómo y cuándo realizas las acciones que llamamos tu patrón motivacional. En lugar del estimulante sabor del deseo de satisfacer tu patrón motivacional, experimentarás paciencia con las personas y circunstancias que requieren atención, paz ante la evidente derrota, resistencia cuando la frustración te bloquee, alegría por los beneficios que reciben los demás, y una avenida de amor por alguien que no puede hacer nada por ti.

10

Ordena tu vida conforme a tu don

Estar en un empleo o rol adecuado a nuestros dones es esencial para cumplir la voluntad de Dios. Mientras el cristiano no esté haciendo lo que debería hacer, se obstaculiza la madurez. Es crucial estar en un lugar que se acomode al diseño de Dios.

Sin embargo, para la mayoría de las personas es difícil admitir que las decisiones que los pusieron en sus actuales empleos no fueron muy sabias y necesitan tomar decisiones nuevas y mucho mejores para hallar puestos más idóneos. Entre el cincuenta y el ochenta por ciento de los estadounidenses que trabajan están en empleos inapropiados para ellos, según encuestas publicadas.

¿Es normal estar en un empleo incompatible?

En la profesión docente, hemos descubierto que al menos dos tercios no están motivados a enseñar, y nos han criticado que nuestras estimaciones son conservadoras. Analizando a gerentes y ejecutivos, hemos descubierto que solo uno de cada tres parece compatible con su trabajo. Muchos ministros no están dotados en requisitos centrales como la predicación, la enseñanza y la evangelización. Uno se pregunta qué tan malo será para los meseros, doctores, banqueros, electricistas, y ensambladores.

Cuesta creer las cifras, y más difícil aún es la medición exacta. Seguramente las personas que han vivido años de trabajo desdichado están conscientes de su infelicidad. Seguramente saben, o al menos alguna vez supieron, que la vida debe ser más que una rutina diaria. Están aquellos que no tuvieron o ahora no tienen otras alternativas prácticas. Ese es un precio que millones han pagado porque el pecado todavía gobierna en el corazón de aquellos líderes que podrían marcar una diferencia. Esto nos parece una tragedia que los cristianos deben abordar tal como tratarían otras pérdidas y ocasiones en las que hay sufrimiento implicado.

Ser privado de la realización a causa de dificultades familiares, limitaciones culturales, falta de educación, restricción social o política, o adversidades económicas es una tragedia de recursos humanos desaprovechados. Es trágico para las sociedades que las llevan a cabo y para cada individuo desaprovechado implicado. Pero ser contado entre los trabajadores no realizados cuando no es necesario resulta aún más triste. Los primeros pueden recibir las recompensas de los mártires, en vista de que sus años de fortaleza fueron tan desaprovechados. Los últimos pueden contemplar un serio juicio por despilfarrar sus talentos.

Nuestro propósito aquí es llamar la atención al asunto de los cristianos que enfrentan la posibilidad de no estar siguiendo la vocación a la que han sido llamados. Confiamos en que la necesidad de descubrir y obedecer ese llamado ha quedado establecida en los capítulos previos, de modo que aquí podemos dar por sentado que el cristiano querrá y, de hecho, «debe vivir de acuerdo con lo que el Señor le ha asignado» (1Co 7:17 PDT).

Sin embargo, muchos no entran en la vocación a la que han sido llamados por razones que ellos no entienden. Saben que deberían estar dedicados al trabajo de sus manos pero no lo están, y en respuesta a las preguntas, encuentran excusas que, pese a tanta repetición, nadie (incluidos ellos) las cree. Como consecuencia, muchas vidas que buscan sinceramente dedicarse al Señor no logran despegar vocacionalmente, a pesar de tanta promesa.

El «sufrimiento» de los artistas

La inacción frecuentemente se debe al desconocimiento de los factores del patrón motivacional de uno que deben estar presentes para que ocurra la conducta motivacional. Esto parece especialmente cierto en el caso de los artistas, poetas y escritores cuyo trabajo supone una capacidad de crear. Para muchos, su vida creativa consiste en impulsos de «creatividad» seguidos de largos periodos de sequía, con poca explicación por su producción o falta de ella. No entender qué se necesita para gatillar la creatividad es causa de mucha angustia y frustración. Una vez que se ha dado vida a una obra de arte, a menudo persiste la duda sobre qué tan «creativa» fue realmente.

Hemos trabajado con artistas cuyas carreras estaban, o habían estado, seriamente estancadas porque ellos no entendían de qué manera sus patrones motivacionales afectaban su expresión artística. Esteban, por ejemplo, era un pintor al que sus profesores habían considerado muy promisorio en la universidad y el posgrado. Era muy productivo en la escuela, y casi siempre completaba sus tareas antes de la fecha de entrega. Estaba ansioso por establecer su propio estudio y esperaba traducir el interés que tenían sus maestros en su trabajo en algunas ventas saludables.

Sin embargo, una vez que se estableció en su estudio, Eduardo se sintió incapaz de crear obras de arte más allá de la imitación de lo que había hecho en el pasado. Lo aterraba la idea de que su fuente de creatividad se hubiera secado. Así que cuando le ayudamos a descubrir su patrón motivacional, supimos que estábamos tratando con alguien que tenía un interés más que casual en los resultados.

Descubrimos el impulso motivacional de Eduardo era cumplir con requerimientos. Cuando se le enseñaba una técnica en particular, le fascinaba cumplir con sus exigencias. Cuando se le asignaba una tarea específica, le agradaba satisfacer cada requisito. Si hubiera tenido maestros que le dieran tareas sin un plazo fijo, o plantearan problemas que requirieran soluciones creativas, Eduardo no se habría incentivado. Resulta que había asistido a una escuela dominada por una facultad hábil en técnicas y métodos. Los alumnos que podían reproducir esos métodos recibían altas calificaciones.

Desde luego, se necesitaba una reorientación de su carrera. Le recomendamos a Eduardo la restauración de arte. Su alto nivel de habilidad en reproducir técnicas lo posicionaba bien en ese campo. No obstante, en primer lugar, él tenía que abandonar la idea de ser creativo, una tarea muy difícil en vista de su fama en la escuela. Pero el recuerdo de su temible periodo en el estudio lo obligó a ser realista acerca de sí mismo y pronto se encaminó en el rumbo correcto.

La situación de Eduardo en el arte es similar a la de una música que conocimos que había sufrido de muchos intentos de «crear» nueva música dentro del musicalmente aislado ambiente de una comunidad cristiana. Su patrón motivacional claramente revelaba un impulso central de replicar ideas y técnicas musicales establecidas, de modo que para seguir la vocación a la que había sido llamada eran cruciales un entorno musical más fértil e instalaciones bien equipadas.

Una música de jazz que poseía un extraordinario talento se había derrumbado en su carrera porque necesitaba trabajar sus ideas musicales junto a las de otros músicos altamente talentosos (no disponibles en su área) cuya música es un necesario trampolín para la expresión «creativa» y satisfactoria de ella.

Ninguno de estos artistas estaba consciente de aquellos elementos específicos de su patrón motivacional que se tenían que abordar antes que ellos pudieran hallar su lugar apropiado.

La mayoría de los profesores no están motivados a enseñar

Fuera del mundo de los artistas hay miles de cristianos en vocaciones que no son fieles a su diseño simplemente porque desconocen ciertos elementos cruciales de sus patrones motivacionales. El mundo educacional está lleno de estos infortunios. Considera a esta maestra cristiana.

Bárbara tenía siete años de experiencia como profesora en una escuela secundaria privada para estudiantes talentosos. La escuela estaba bien equipada, y la proporción alumno-profesor era la ideal. No obstante, ella sentía que mientras todos los demás en la facultad parecían contentos con tener una situación pedagógica ideal, ella estaba singularmente insatisfecha. Y al final de su séptimo año, su director le notificó a Bárbara que iba a ser despedida.

La conmoción inicial impidió que Bárbara pudiera rebatir de inmediato las razones de director para despedirla, pero posteriormente su postura defensiva la llevó a hacer declaraciones críticas acerca de la falta de respuesta de los estudiantes en esa escuela. Su conclusión fue que jamás volvería a enseñar.

El examen de su patrón motivacional reveló que ella estaba motivada a trabajar con personas con necesidades que ella podía satisfacer. Sin embargo, toda la experiencia docente de Bárbara era con alumnos notablemente libres de necesidades, altamente exitosos en lo académico, y a una edad en la que aprender a ser independiente es el prefacio a la vida adulta. Las escasas ocasiones cuando un alumno se acercó a ella con un problema fueron especialmente satisfactorias, pero tales oportunidades confundieron su comprensión de la compatibilidad con el empleo.

Si bien muchas de las capacidades motivadas de Bárbara pudieron ser satisfechas en la docencia, era necesario que estuvieran dirigidas hacia alumnos con genuinas necesidades. El avance hacia una especialización en discapacidades del aprendizaje salvó sus credenciales y su experiencia laboral, y además revivió su alegría en la docencia.

A menudo un maestro está en el nivel o materia equivocados y no comprende qué anda mal o qué sería lo correcto hasta que el patrón motivacional revela la respuesta a ambas preguntas. Considera estas incompatibilidades de maestro y cargo:

- Un maestro de matemáticas de secundaria motivado a enseñar, pero solo mediante demostración.
- Un profesor universitario de historia motivado a trabajar con lo nuevo y diferente.
- Un profesor de lenguaje de secundaria no motivado a enseñar sino a abogar.
- Maestros no motivados a enseñar sino a actuar, aconsejar, controlar, o resolver problemas.

Búsqueda de otros dioses

Lo que ocurre con las personas mal posicionadas en el mundo educacional tiene su contraparte en el mundo de los negocios y la industria, donde el desconocimiento del diseño de uno garantiza la oscuridad del alma.

Los vendedores motivados a explicar persuasivamente un producto o concepto, pero no motivados a confrontar o cerrar una venta son clásicos ejemplos de incompatibilidad laboral. «¡No me extraña que fuera tan infeliz vendiendo! Nunca entendí por qué hasta ahora», hemos escuchado decir a muchos.

De una naturaleza similarmente clásica son los casos de personas motivadas a satisfacer necesidades y cumplir requerimientos de otros y que suben hasta la cima de su función o incluso de toda la organización. En ese punto, la persona descubre que está en el empleo equivocado, está cada vez más incómoda, pero no entiende qué salió mal ni por qué. Ahora tiene que desempeñar la responsabilidad y no puede, simplemente no puede.

Un gran número de ejemplos surgen de no comprender la ausencia o presencia de una materia en particular en el patrón motivacional. En consecuencia, tenemos representantes de personal no motivados a trabajar con personas, ingenieros profesionales no motivados a trabajar con conceptos, un gerente de negocios no motivado a trabajar con números, o un planificador de producto que no está consciente de que no está motivado a trabajar con estrategias y tácticas.

En una línea similar, el desconocimiento de las circunstancias motivantes del patrón puede estancar a un individuo: el investigador que necesita instrucciones que seguir; el secretario motivado a trabajar en una situación desestructurada y fluida que trabaja para un jefe que supervisa atentamente; el contador desdichado que no está consciente del deseo de visibilidad y notoriedad en su patrón motivacional; la miembro del personal que siempre está cerca de causar desastres porque no está consciente de que los riesgos y peligros son para ella una circunstancia de valor motivacional.

El desconocimiento del patrón motivacional y sus elementos constituyentes es la raíz de una gran parte de la tragedia entre los cristianos que no logran reclamar su porción de la abundancia de Cristo.

La sumisión no es solo una idea

Un número sorprendentemente alto de cristianos que hemos encontrado han fallado en localizar y entrar en la vocación a la que han sido llamados porque no han estado dispuestos a someterse junto con sus dones a la disciplina del aprendiz o a la educación formal necesaria para su plena expresión y empleo. Con esto se frustra el útil servicio a la humanidad, y los dones solo pueden ser una sombra de lo que podrían haber sido.

La frase «a medias» es apta para describir a muchos artistas, poetas, músicos, emprendedores, predicadores, consejeros y cantantes que buscan un camino rápido a estar capacitados para desempeñar la labor de su ministerio. Lamentablemente, la calidad de su trabajo señala su falta de sometimiento a aquellos tutores y gobernadores que Dios ha designado para llevarlos a la madurez.

En tales casos, la resignación supone una decisión de volver atrás y construir el fundamento de comprensión que se debía haber construido hacía años cuando se tomó la decisión de pasar por alto esos preliminares. Sin ese fundamento, la erudición, la música, la literatura, la pintura, la terapia o los emprendimientos resultantes pueden recibir algo de apoyo, pero Dios rara vez es glorificado con resultados de segunda categoría.

No estamos hablando de forma o necesariamente sobre tener o no tener un título universitario. Estamos hablando de realmente conocer tu materia si trabajas con ella; de estudiar cuidadosamente los nuevos desarrollos que son cruciales para tu campo de trabajo; de entender las herramientas, técnicas, y vocabulario que otros han establecido que son sustanciales y útiles para lo que haces hoy; y de poseer la cantidad y nivel de educación necesaria para ser competente. Cualquier cosa que resulte crucial para que estés capacitado para destacar en la vocación a la que Dios te ha llamado, debes ocuparte en aprenderla.

Al evaluar una situación actual que antes parecía tan promisoria, pero que se volvió cada vez más amarga a medida que te adentrabas en ella, sospecha de una falla al construir el fundamento de conocimiento y habilidades realmente necesarios. Si ese es el caso, considera la difícil decisión de hacer lo que deberías haber hecho en primer lugar.

La otra cara

Aún más costoso es el error de aquellos que han sido formalmente entrenados para seguir una vocación para la cual no fueron llamados y para la cual no están motivacionalmente capacitados o dotados.

Ellos van a la universidad porque ese es el siguiente paso que se espera. Eligen una carrera porque tienen que elegir algo. Buscan y toman un empleo en particular por todo tipo de razones, la mayoría superficiales.

Lo que ocurre con ir a la universidad a menudo también ocurre con el instituto profesional, el instituto técnico, la escuela técnica y el negocio familiar. Puede que tenga sentido, pero en muchísimos casos no lo tiene. Las personas pueden ser capacitadas por su entrenamiento o educación para hacer aquello que no están diseñadas para hacer. Si ese es tu caso, enfrentar la realidad de que puedes estar en el campo de trabajo equivocado y sacrificar lo que has invertido en ello puede ser un pequeño precio comparado con la satisfacción disponible para quienes están usando sus dones vocacionales en su trabajo cada día.

Tu educación debe desarrollar tus fortalezas

La evaluación de qué tan compatible es mi carrera con mi patrón motivacional no es un problema exclusivamente de mitad de carrera. Los estudiantes que están comenzando, terminando, o a medio camino del proceso educacional que se espera que los capacite para el mundo laboral comparten el dilema. ¿Estaré estudiando lo que debería estar estudiando? ¿Me estaré preparando para lo que Dios tiene planeado para mí?

Sé muy sobrio al estudiar la situación. Como cristiano, se te han concedido dones que debes invertir sabiamente. Dios te pedirá cuentas del uso que has hecho de esos dones. En ese punto de la eternidad, no podrás echarle la culpa a algún consejero vocacional o un reclutador palabrero. Tú eres responsable de tus propias decisiones, y una vez que has dado el gran paso de descubrir tu diseño, has perdido tu última excusa. Tú conoces el número y clase de talentos que el Señor te ha dado.

El primer paso de tu proceso de evaluación es examinar de qué manera aprendes y qué estás motivado a aprender. Encontrarás una congruencia en esos elementos de tu patrón. Es decir, aquello que estás motivado a aprender determinará la manera en que estás motivado a aprender.

Por ejemplo, si estás motivado a aprender haciendo y probando, la materia con la que estás motivado a trabajar podría incluir elementos como expresión física o manual, danza, diseños, y maquinaria. Si estás motivado a aprender memorizando y repitiendo, probablemente la materia sea lenguaje, música, logística, y biología. Si estás motivado a aprender estudiando y leyendo, la materia probable podría incluir principios o teorías, ideas o conceptos, ciencia, personas, y economía.

Ahora es el momento de decidir si tus objetivos y métodos de alcanzarlos son compatibles con las motivaciones de tu diseño personal. Si descubres que estás motivado a aprender haciendo, pero estás estudiando historia, estás o estarás en problemas. Si en tu materia no hay personas y estás estudiando psicología clínica; si aprendes memorizando y estás lidiando con un currículum de ingeniería; si el dinero o los números no son parte de tu materia y estás estudiando economía; entonces has tomado un camino que no te llevará adonde quieres ir, y hasta donde podemos discernir, a Dios no le interesa lo que otras personas piensan que tú tienes que llegar a ser.

Aparte de las artes liberales o cursos básicos necesarios para mantener a todos los estudiantes en la categoría de los civilizados, tus estudios deberían estar capacitándote para desempeñar el trabajo para el que fuiste diseñado. Por otra parte, una vez que tus tutores entienden tu patrón (y debes asegurarte de que lo hagan), debes estar abierto a su consejo acerca de qué cursos serán útiles o incluso cruciales para seguir la vocación que parece apropiada para ti. Por ejemplo, si se necesita cierta cantidad de matemáticas para ser un entrenador deportivo, un especialista en currículum, o psicólogo, disciplínate para tomar esa asignatura, ya sea que se ajuste a tu patrón motivacional o no. En la medida que estés seguro de que la meta de largo plazo se condice con tus dones, tienes motivos suficientes para conquistar la asignatura necesaria para alcanzar esa meta.

¿Puedes tomar decisiones?

Mientras consideramos la educación, ten presente cuántas decisiones clave se tienen que tomar mientras uno está en la escuela y cómo tales decisiones son afectadas por el propio patrón motivacional.

Si enfrentas la necesidad de ajustar o cambiar cursos, carrera o incluso escuela, tal vez descubras si tu patrón motivacional permite o estorba la toma de decisiones. Puede que estés motivado a tomar decisiones solo de ciertas maneras; por ejemplo, solo tras una exhaustiva recopilación de datos o cuando puedes revisar cada paso con alguna autoridad. Quizá solo puedes tomar buenas decisiones cuando formas parte de un proceso grupal, o tal vez no estés motivado a tomar decisiones cuando hay más de dos alternativas.

Lo que sea que tu patrón revele de ti respecto a la toma de decisiones, busca cualquier ayuda o mecanismo que tu patrón indique. Confiamos en que reconocerás (aquí o en otro lugar) la necesidad de oración y búsqueda de dirección específica del Espíritu Santo para que te ayude a salir de tu oscuridad a su luz. Busca a las personas del cuerpo de Cristo cuyos dones pueden ser de ayuda. (¡Un seminario sobre toma de decisiones probablemente no ayude mucho!).

No mires simplemente el primer empleo

Lo mismo que ocurre en la toma de decisiones ocurre en la planificación. Muchos de nosotros, probablemente la mayoría, somos prácticamente incapaces de planificar una estrategia de actividad para algunos meses en el futuro, mucho menos para varios años. Si eres esa persona, pídele ayuda a alguien que esté disponible que tenga una capacidad motivada de planificación. Pídele que te ayude a mirar el camino y trazar al menos un rumbo tentativo para seguir.

Cuando consideras la vocación para la que te estás preparando ahora, mírala como presumiblemente se va a desarrollar, y no solo el punto de partida o algunos años más adelante. Ten cuidado si la dirección que eliges finalmente requerirá que te conviertas en algo significativamente diferente de lo que eres.

Juegos con Dios

Conocer la forma motivacional de tu voluntad es un conocimiento crucial para saber si estás usando deshonestamente al Señor para tomar —o evitar— una decisión. Las siguientes son algunas breves presentaciones de personas que hemos conocido en el pasado, quienes no pudieron separar la voz de Dios de la voz de sus propias compulsiones motivacionales:

- Un ejecutivo, en gran medida no apto para su empleo como número dos en una compañía, motivado a adquirir dinero, estatus, y cosas materiales, afirma que el Señor no lo está guiando a tomar el empleo correcto con una compañía naciente y ser parte de un equipo pequeño.

- Otro ejecutivo, motivado a destacar y apto para su actual cargo, encuentra todo tipo de respaldo «del Señor» para apoyar su decisión de desarraigar a su familia y mudarse a dos mil kilómetros para aceptar un nuevo cargo de más alto nivel.

- Un maestro, que goza de una excelente reputación y alumnos atentos, motivado a superar obstáculos casi imposibles, recibe dirección «del Señor» en medio del periodo académico para aceptar una oferta de una escuela en dificultades en la Costa Oeste y se une a ellos con un aviso de una semana de anticipación a su actual empleador.

- Una joven motivada a impresionar a los demás y muy rápida para captar y realzar conceptos básicos, decide que el Señor quiere que abandone la escuela de bellas artes después de dos semestres y salga a tomar un empleo en arte.

- Un superintendente de treinta y seis años, no motivado a dirigir a otros, ve que Dios lo dirige a un empleo similar después que fue despedido por ser un inadecuado gerente de personas.

- Una secretaria de cuarenta y cinco años, motivada a cumplir requerimientos y suplir necesidades pero completando una tarea antes de iniciar otra, ve la mano de Dios en una oferta para ser secretaria del necesitado presidente de una gran sociedad misionera internacional en cuya oficina hay ajetreo y conmoción constantes.

En ninguno de los ejemplos anteriores pretendemos saber qué tenía en mente el Señor. Estamos enfatizando la necesidad de que los cristianos conozcan sus tendencias motivacionales y desenmascaren y enfrenten esas tendencias antes de ver la mano del Señor conduciendo o quedándose.

La esposa en el hogar

Aunque muchas esposas y madres han decidido dedicarse a una carrera fuera del hogar, muchas mujeres todavía siguen la difícil vocación de ama de casa. Y el ama de casa, como cualquier otra persona, debe examinar su aptitud para el rol que ha asumido. ¿La materia del patrón motivacional concuerda con las cosas con las que trabajas como ama de casa? ¿Un poco? ¿Nada? ¿Totalmente? ¿Te gusta trabajar con cosas tales como enseres de la casa, comida y cocina, hijos, detalles, o dinero y presupuesto?

Dependiendo de los detalles de tu situación, motivaciones tales como *explorar, ser pionero, superar, prevalecer, cumplir el desafío, ser eficiente,* u *obtener respuesta* pueden tener expresión en el hogar. Sin embargo, motivaciones como *promover, progresar, ganar reconocimiento o atención, destacar, ser el mejor,* o *ser único o sobresaliente* tendrían dificultades para hallar satisfacción en el rol de ama de casa y madre.

Cuando consideras tus relaciones operativas con los demás, la mayoría de los tipos se pueden acomodar en casa, tarde o temprano, particularmente si llegan los hijos. *Miembros de equipo, gerentes, entrenadores, directores* y *comandantes* pueden hallar felicidad en la casa, aunque algunos son más compatibles que otros. Por ejemplo, enseñarle a un hijo a escribir es preferible a dirigir a un hijo a que haga las cosas como las hacía la madre. En el proceso de evaluación, tienes que enfrentar con franqueza quién eres relacionalmente, cuál es la forma de tu esposo de relacionarse con los demás, y tu plan de tener uno o más hijos. Si el hogar limita tu forma de relacionarte, hay mucho que se puede hacer fuera de casa en la comunidad y la iglesia para ejercer tu forma de operar con los demás. Por ejemplo, puedes dirigir un coro u organizar y llevar a cabo una campaña política.

Al considerar el aspecto de las circunstancias de tu patrón motivacional, la mayoría de los elementos pueden acomodarse a la situación del hogar. Aquellos elementos que quizá no puedes introducir, tales como *estructura, instrucción, estándares/calificaciones,* o *plazos*, pueden ser establecidos por tu esposo. Los demás elementos comunes como *presión, aire libre, necesidad de control de costo*, y *dificultad* se encuentran en abundancia en el hogar. Algunos elementos como *visibilidad, audiencias,* y *posiciones de estatus* causarán dificultad y pueden indicar la necesidad de una carrera adicional, ya sea remunerada o voluntaria, especialmente si esos factores tienen elementos relacionados en la categoría de capacidades y otras partes del patrón, como es probable que ocurra.

Las partes de tu patrón en conflicto con ser ama de casa no necesitan impedirte llegar a ser un ama de casa y madre aceptable, si se entiende que habrá un alto grado de abnegación mientras los hijos están muy jóvenes, y que necesitarás ciertos tipos de ayuda de tu esposo. A medida que los hijos crecen, se puede dedicar tiempo a los inicios de una carrera que motivacionalmente da mucho más en el blanco, y a la cual se puede entrar plenamente cuando el nido queda vacío.

Esencialmente el mismo rango de posibilidades aplica para el aspecto de las capacidades del patrón motivacional. El hogar alberga la mayoría de las capacidades, excepto las orientadas al mundo exterior tales como publicitar, vender y actuar.

El esposo también tiene responsabilidad en estos asuntos. El rol bíblico para él es el de sacerdote servidor del hogar. La esposa y los hijos deben estar cubiertos por la autoridad que Dios le ha dado a él, independientemente de si él luce como una autoridad. La Escritura señala que, en esa posición, él es responsable de la satisfacción de su esposa. Esto lo vemos no solo en cuanto al pan diario o las necesidades sexuales. El esposo también debe posibilitar que su esposa ejerza todo lo posible sus dones, aun cuando ello implique alguna medida de dificultad para él. «Esposos, amen a sus esposas, así como Cristo amó a la iglesia y se entregó por ella» (Ef 5:25).

Los cristianos deberían haber remecido los roles tradicionales de ama de casa y de proveedor mucho antes que el mundo siquiera pensara en ello. En la medida de lo posible, todas las responsabilidades del hogar deberían ser redistribuidas de acuerdo con los respectivos dones del esposo y la esposa. Tal redistribución no debería alterar el rol del esposo como cabeza del hogar, ni debería permitir que se difuminen las diferencias entre los sexos que Dios diseñó y que hacen tan interesante el matrimonio.

Si la esposa tiene habilidades gerenciales que el esposo no tiene, se le debería dar a ella la oportunidad, sin transgredir la posición del esposo, de asumir las áreas del hogar que requieren ese don; por ejemplo, el cuidado y abastecimiento del presupuesto o la inversión de los ahorros, o la planificación de unas vacaciones extendidas. Si en el patrón de la esposa hay elementos que se prestan para posiciones de autoridad, ella debe descubrir oportunidades de usarlos fuera del hogar; por ejemplo, operar el programa educacional de la iglesia o una guardería. La autoridad del esposo no debería ser un asunto de que él luche con su esposa para conservarla. Es un asunto tan crucial para el bienestar de la familia y la identidad de los hijos que tanto el hombre como la esposa deben ser diligentes en el apoyo de la autoridad de él.

«Esposas, sométanse a sus propios esposos como al Señor. Porque el esposo es cabeza de su esposa, así como Cristo es cabeza y Salvador de la iglesia, la cual es su cuerpo» (Ef 5:22-23).

La sumisión de la esposa al esposo no se basa en si ella es más o menos inteligente o más o menos talentosa que el esposo. Se basa en el hecho de que todos necesitamos someternos con el fin de tener salud espiritual. Dios no le está pidiendo a la esposa que haga algo más de lo que le pide al esposo. De hecho, al esposo se le exige que experimente más sumisión que la esposa. Él debe someterse al estándar de Cristo de ser esposo, amando a su esposa «así como Cristo amó a la iglesia y se entregó por ella» (es decir, *murió* por ella; Ef 5:25).

Lo puntilloso de la palabra *sumisión* se puede quitar poniéndola en el contexto del amor. A fin de cuentas, en ambos casos no se nos pide que nos sometamos a un comandante militar sino a Aquel que nos ama.

Parábola de los talentos: ¿Cuál es tu excusa?

La mayoría de los cristianos necesitan que Dios les dé un empujón o impulso mediante la disposición de circunstancias confrontadoras, o que de alguna otra forma los atraiga para que salgan de la oscuridad a la luz de lo que él nos tiene guardado. En reacción a esto, muchos intentan descubrir sus propias excusas por ignorar la voluntad de Dios para añadirlas a todas las que provee el mundo.

Como recordarás, en la parábola de los talentos (Mt 24:14-30) el siervo con un talento presentó excusas cuando su señor lo confrontó para pedirle cuentas. Los siguientes son algunos equivalentes modernos que se dan para justificar la falta de avances en la carrera que utilizarían plenamente los talentos que uno posee: «Pero a los niños les encanta su escuela». «A Blanca le preocupa perder todos esos beneficios». «Vamos a una excelente iglesia». «Me encantan las estaciones». «Los padres de Beatriz viven cerca». «Tenemos tan buenos vecinos». «Sería difícil comenzar desde más abajo». «Pero conseguí un cargo permanente». «He recibido muchas felicitaciones por mi enseñanza». «Tal vez cuando jubile». «Tal vez si fuera más joven». «He sido un anciano por mucho tiempo». «No conozco nada sobre el área». «Necesitaríamos dos autos». «Tendría que recuperar tanto tiempo perdido». «Estoy seguro de que tendría un importante recorte en el pago». «¿Cómo podríamos hacerlo?». «¿Qué pensaría la gente?». «Nuestras raíces están aquí». «Sería un enorme riesgo».

Hay ocasiones para dar un salto de fe desde lo conocido a lo incierto y lo nuevo. Para algunos de nosotros, en vista de lo que hemos guardado en nuestro tesoro, ese paso es como saltar desde un rascacielos.

Excusas psicológicas: Fue culpa de la madre

Un sorprendente número de cristianos no toma decisiones básicas respecto a su carrera porque se pasan años lidiando con lo que les han dicho que son problemas psicológicos que deben aprender a superar. Como consecuencia, no evalúan la adecuación de su actual empleo en relación con quienes ellos son y lo que quieren lograr. Se ven a sí mismos incapacitados por causa de una red psicológica que, cuando se analice cabalmente, permitirá una evaluación y quizá un cambio.

Entre los ejemplos de tales «problemas» que hemos desenterrado en nuestros clientes cristianos están estos que son comunes:

- *Problema:* Me pongo muy tenso e inquieto cuando estoy en un nuevo grupo. Casi no sé qué decir y no puedo conectarme con ellos y con lo que están haciendo.

  Análisis: Enfrenta el hecho de que tu diseño hace que ejerzas influencia en conversación personal donde abres a la otra persona a tus pensamientos y a que se involucre contigo. La situación de grupo rara vez te permite comenzar a actuar de esa manera debido a la cantidad de personas, la dificultad para controlar el flujo de conversación, y la relativa superficialidad de la conversación. No es de extrañar que te pongas tenso.

- *Problema:* Mi padre siempre tuvo miedo de dejarnos hacer algo riesgoso cuando niños, o incluso ahora. En consecuencia, desarrollé un complejo de inferioridad y dudo sobre entrar en nuevas aventuras o relaciones.

  Análisis: Tus experiencias de logros revelan una motivación a prevalecer sobre los demás o ser mejor que ellos. Has entrado en una considerable variedad de nuevas aventuras y relaciones donde eras sobresaliente o dominante. Tu renuencia a avanzar es un asunto selectivo. Solo te atreves a seguir adelante con una persona con la cual, o una circunstancia en la cual percibes que prevalecerás o destacarás.

- *Problema:* Tengo casi un fetiche con ganar y ahorrar dinero. La razón de mi compulsión es que éramos muy pobres y crecí durante los años de la Depresión. Es por eso que no corro el riesgo de buscar un nuevo empleo.

  Análisis: Ganabas y ahorrabas dinero antes de aprender a hablar. Nadie en la familia te lo pidió. Tienes un hermano y una hermana despilfarradores cuyos patrones motivacionales no reflejan un interés en el dinero, ni ganarlo, ni ahorrarlo ni gastarlo.

• *Problema:* Mis padres nunca me alentaron en mis esfuerzos ni me dijeron cuánto me amaban. Como resultado, soy inseguro y requiero mucha atención y adulación. Es por eso que siempre estoy cambiando de empleo.

Análisis: Entretenías a las visitas cuando tenías tres años; estabas en la radio cuando tenías seis; ganaste un concurso de popularidad a los nueve; eras el personaje principal en cada obra escolar en la secundaria y la universidad. Ninguno de tus tres hermanos presenta tu problema. Solo te encanta y estás cómodo en el centro de atención.

• *Problema:* Mi padre abandonó a mi madre cuando yo tenía diez años, y tuve que ayudar a mi madre a hacerse cargo de la casa y ayudar a criar a mis hermanos y hermanas. Como consecuencia, me siento privado de mi infancia y particularmente resentido con mi padre. Esto ha formado en mí una tendencia a servir a los demás a pesar de mis sentimientos.

Análisis: Si examinas tus experiencias de logros, observarás que estabas sirviendo a los demás (y alimentando a tu perro, tu repartidor de diarios, y una pequeña parvada de pollos) antes que tuvieras diez años. Sirves a los demás porque estás motivado a servir a los demás. ¿Ni siquiera te preguntaste por qué tus hermanos y hermanas no hacían mucho sirviendo? Al fin y al cabo, tú eras solo el segundo de los hermanos.

• *Problema:* Mi madre y mi padre siempre fueron muy protectores de mis hermanos y de mí. Nunca se nos permitía hacer cosas por nuestra cuenta. Por este motivo, yo era incapaz de expresarme de una forma tan libre y creativa como creo que soy capaz. En consecuencia, siento que estoy psicológicamente impedida.

Análisis: La libertad y naturaleza de tu creatividad se expresa desde los cuatro años esencialmente de la misma manera, bajo las mismas condiciones y mecanismos, y con el mismo tipo de creatividad en un momento y en otro, antes de que cobraras consciencia de la excesiva protección parental, durante y después.

• *Problema:* Mi hermano era mucho mejor que yo en el deporte, y recibía toda la atención y la mayor parte de la gloria. Como consecuencia, yo me volví altamente individualista, y me desagrada estar en un grupo de personas ocupadas en algún esfuerzo común.

Análisis: Dado que eres el hijo mayor, necesitas observar el hecho de que estabas funcionando como un individualista en tus logros mucho antes que tu hermano alcanzara notoriedad en los deportes. Además, ten presente que siempre has preferido deportes individuales como el tenis y el esquí, y él tuvo éxito en deportes como el fútbol y el básquetbol. Los grupos no hacen nada por ti excepto sofocar tu esfuerzo individual.

- *Problema:* Mi hermana era más bonita que yo. Como consecuencia, yo estaba muy celosa de ella y competía con ella en cada oportunidad que tuviera. Eso me dejó con un sentimiento de inferioridad y siempre tratando de probar quién soy.

Análisis: Tu motivación es prevalecer sobre la oposición. Si revisas tus logros, verás que competías e intentabas prevalecer contra cada persona y fuerza que amenazara con ponerse en tu camino. Tu hermana fue solo un ejemplo en una larga lista de ejemplos.

Como mencionamos antes, cuando tenemos problemas psicológicos, debemos abordar rápidamente el asunto y buscar ayuda. Pero no debemos suponer que hay neurosis donde no la hay. Hay suficientes problemas psicológicos genuinos que tratar en la vida sin añadirles innecesariamente. Como cristianos que vivimos en una cultura psicológicamente sensible, necesitamos tener cuidado con explotar nuestro entorno para excusar nuestra incapacidad de caminar con fe. O confiamos en que Dios cuidará de nosotros, o no lo hacemos. Recordar que él viste los lirios y alimenta los gorriones nos ayudará a salir de la falsa seguridad de los sistemas humanos y entrar en la seguridad de Dios.

No confiar en Dios es un asunto serio que debería ser atendido de inmediato. De lo contrario, lo único que llevarás a la eternidad es un alma encogida que apenas captura la vida, y mucho menos produce cargas de fruto.

Espiritualizar nuestros patrones

Los necesarios avances en la carrera también pueden ser impedidos por la engañosa práctica de fabricarse un principio espiritual que dice que uno no puede hacer lo que no quiere hacer. Este autoengaño puede ser especialmente difícil de reconocer porque nace de nuestro patrón motivacional.

Ilustremos con un ejemplo a qué nos referimos. Si un cambio implica invertir dinero, la persona motivada a adquirir dinero podría resistirlo por ser riesgoso y una transgresión de las advertencias del Señor sobre ser administradores prudentes de los recursos que se nos dan. Ese razonamiento puede ser una falsa espiritualización, porque el Señor nos alerta en la parábola de los talentos sobre la conveniencia de asumir inversiones riesgosas con los talentos que hemos recibido (Mt 25:14-30).

Necesitamos discernimiento espiritual y familiaridad con la voz del Espíritu Santo de modo que podamos percibir la presencia del camuflaje teológico, como en el ejemplo anterior. Por la misma razón, necesitamos invitar la intervención de los demás en el Cuerpo de Cristo para que nos mantengan en el camino correcto. Los hermanos y hermanas maduros en Cristo pueden proporcionar una aproximación equilibrada al tomar decisiones, especialmente aquellas que, dado nuestro patrón motivacional, nos parecen decisiones radicales. De esta manera, el ministerio de la iglesia es un asunto crucial.

Ester es madre de cuatro hijos adultos y un buen ejemplo de alguien que espiritualiza su patrón. Ella claramente era exitosa como madre, porque había resistido todas las tormentas de ese rol, consciente de que su hijo e hijas estaban bien establecidos en sus propios matrimonios y carreras, así como en su crecimiento espiritual. Ella esperaba extender su éxito hacia el rol de abuela. Pero estaba profundamente afligida por su esposo, Francisco, un ingeniero civil que estaba considerando seriamente y orando por una oferta de empleo en Sudamérica. Como estaba cerca de jubilar, él pensaba que el resto de sus años laborales podían ser un puente para un trabajo misionero voluntario adecuado a sus capacidades. El extenso y feliz matrimonio de Ester y Francisco estaba siendo alterado por discusiones, pero discusiones hábilmente planteadas desde ambos lados con «principios espirituales».

Francisco tomó una formidable posición en su sentimiento de que el Señor lo estaba llamando a un final «servicio de tiempo completo». Ester hizo una elocuente defensa a favor de quedarse donde estaban por causa del amor, el servicio, la familia y la maternidad. Ella señalaba que, a través de los años, ambos habían sido un buen equipo de enseñanza en las clases de matrimonio y familia de la iglesia. Su experiencia personal era un valioso recurso para quienes necesitaban esa capacitación, y como Ester lo planteaba, Francisco tenía que asentir. No era un ministerio menor.

Nosotros sugerimos que la intención de Ester de mantener el *statu quo* se sostenía fundamentalmente en la satisfacción de su patrón motivacional de suplir necesidades. La pasión de su postura dependía de su insistencia en ejercer sus dones en sus propios términos. ¿Acaso no podría hacer aquello para lo que estaba dotada en Sudamérica? ¿No es cierto que sus dones no se debían restringir a su propia familia? ¿Eran escriturales sus prioridades?

Enfrentar las preguntas difíciles

Una vez que se quita el camuflaje, las preguntas difíciles se esclarecen y se pueden abordar. Ester quería quedarse en casa. Hay víctimas de sus propios patrones que quieren hacer lo opuesto: de personas Hoboken motivadas a superar que reciben llamados para instalar tuberías en Alaska en pleno invierno; motivados a destacar que se mudan a cualquier lugar en cualquier momento si hay una oportunidad de avanzar uno o, de preferencia, dos escalones; personas motivadas a cumplir requerimientos que hacen cualquier cosa y se van a cualquier lugar donde el jefe quiera; sargentos motivados a calificar que han puesto los ojos en el club de oficiales ubicado en los cuarteles; o los motivados a los desafíos que acaban de escuchar que el cargo de gerencia en San Francisco está abierto. El deseo de lo que nos alimenta puede transformar una labor sagrada en un horrible empeño y llevar incluso a los cristianos a convertirse en personas impulsivas.

No hay ninguna fórmula disponible para determinar qué se debe hacer, pero la Palabra, el Espíritu, y el Cuerpo deberían ser requeridos en una decisión. Para tomar una decisión correcta necesitamos identificar nuestro patrón motivacional y enfrentar con franqueza nuestra tendencia a evadir un futuro cambio, o a devorarlo y buscar más.

Tomar decisiones con tal consciencia ayuda a impedir que el enemigo nos confunda. Si la decisión implica la negación de nuestros dones motivados, podemos confiar en que Dios aprovechará ese sacrificio y al final nos llevará adonde podamos hacer aquello para lo que él nos ha creado. Si la decisión abre directamente oportunidades para nuestros dones, podemos participar sin culpa. Cualquiera que sea el caso, enfrentar el conocimiento de cómo estamos motivados, y orar y abrirnos al ministerio de otros es un equilibrado enfoque al descubrimiento de la voluntad de Dios.

11

Un encargo para cuidar; no lo vendas ni lo cambies

A lo largo de nuestro viaje enfrentamos encrucijadas. Cada día tomamos decisiones de vivir o no vivir en armonía con Dios y disfrutar sus provisiones. Cuando aún somos jóvenes, se espera que tomemos decisiones educacionales cruciales. Cuando somos adultos, decidimos sobre carreras y con frecuencia comenzamos a subir alguna escalera del éxito, donde cada peldaño requiere una decisión.

En cada encrucijada, el cristiano puede escoger la vida y su resplandeciente alegría; o puede elegir conformarse a los patrones del mundo presente e ir en busca del «número uno». En este capítulo analizaremos la manera en que ser del mundo literalmente le roba al cristiano el gozo del Señor. «No se amolden al mundo actual, sino sean transformados mediante la renovación de su mente» (Ro 12:2).

Trampas del mundo

Una muestra del modelo del «mundo actual» revela una serie de trampas que han tenido éxito en atrapar a todos, salvo a los santos espiritualmente alertas y maduros.

Ser alguien en la vida

Una doctrina mundana torcida en su perversidad y cancerosa en su permeabilidad es la que dice que las personas pueden convertirse en lo que el mundo quiere. Y en cada ámbito de la acción humana existen modelos idealistas de conducta en los cuales concentrar nuestros esfuerzos. Ya se trate del modelo de una mamá en todas las épocas; un compasivo ejecutivo de pensamiento claro y que toma decisiones; un papá en todas las épocas; una esposa atractiva y abnegada; científicos que son buenos empresarios; empresarios creativos; o un ministro para todas las situaciones; estamos rodeados de revistas, libros y personas que insisten en que podemos desarrollarnos conforme a sus modelos.

Desde la primaria hasta la secundaria y la universidad, y siguiendo en nuestra carrera, nos empeñamos por ser alguien, algún ideal. Inevitablemente, ese alguien es diferente a quien ya somos. Habitualmente aspiramos a ser algo sin siquiera tomarnos el tiempo para descubrir quiénes ya somos. Esta filosofía de vida se encuentra, por ejemplo, en la educación, donde la mayoría de los maestros no están motivados a enseñar. También se encuentra en restaurantes, en el gobierno, en las artes. Sí, se encuentra en la iglesia.

Tratar de convertirse en una imagen es un error, ya se trate de una imagen secular o espiritual. Jesucristo nos ha liberado de conformarnos a cualquier modelo. Somos nueva creación, ya diseñados para la gloria, y necesitamos ocuparnos en la tarea de vivir el diseño que está en el centro de nuestras vidas.

¿En qué has estado tratando de convertirte? Una evaluación realista probablemente mostraría que lo que podrías haber hecho es una, o una combinación, de dos cosas. Has sido absorbido por el mundo y su sistema y valores, y pasas tu vida tratando de ser alguien a quien la gente admire. O has caído víctima de una falsa piedad en la cual niegas el diseño y propósito de Dios para tu vida. Dices cosas como: «No soy nada; no tengo nada; no soy capaz». Aquí pretendes hallar una sagrada santidad en ser tan cercano a cero como sea posible, o bien, lo que es aún más idólatra, en intentar ser algo que no eres y esperas que Dios cambie de opinión respecto a lo que él quiere que tú seas.

Ser del mundo es mortal. Tratar de ser algo o alguien es extenuante. Aun si tienes éxito, el empeño ansioso devasta tu relación con Dios. destruye tu cuerpo, infecta tu alma. Tomarse en serio la idea de que uno puedes remodelarse para cumplir con las expectativas humanas es un pase liberado a un mundo falsificado. Culpar a los demás con el fin de deshacerse de la propia ineptitud es una maniobra que solo posterga la rendición de cuentas. Convencerse en lo profundo de que se pretende el bien de otros es autoengaño.

Pasar de una enseñanza a otra mientras intentas hallar la voluntad de Dios para tu vida; alternar entre el cilicio y un bikini en tu incertidumbre respecto al estilo de vida; lanzarse a la vocación o un pasatiempo sin considerar tu capacidad de producir verdadera destreza; ser voluntario por sentirse culpable; mirar a alguien más para tomar decisiones; esperar que Dios deje caer un mensaje desde el cielo; hacer lo que para ti es difícil a fin de aumentar tu confianza en Dios; retirarse del mundo que para salvarlo Dios entregó su posesión más preciada; todo esto no es exactamente la vida victoriosa que Jesucristo tenía en mente, al menos para la mayoría de nosotros.

Demasiada gente lleva una vida fracturada entre lo secular y lo espiritual. Cientos de cristianos en cada comunidad no saben quiénes son, qué están haciendo, o qué se espera que estén haciendo con sus vidas. Miles de hermanos y hermanas en Cristo producen fruto en su vida laboral, familiar y eclesiástica que no es ni sabroso, ni agraciado, ni amoroso, ni vivificante.

Lo que ocurre con el individuo cristiano también ocurre con la iglesia. Muchísimas iglesias son apagadas e irrelevantes porque el pastor y la junta no saben quiénes son, cómo deben organizarse y funcionar, y qué contribución se supone que deben hacer. Muchísimas iglesias están desequilibradas porque están imbuidas con la pasión de un líder fuerte que ni sabe cómo ni está dispuesto a mirar los parámetros de diseño de su ministerio, su tendencia a la distorsión y a abarcar demasiado, y la necesidad de rodearse de fuerzas equilibradas y complementarias.

El cristiano debe rechazar la idea mundana de llegar a ser «alguien» en la vida. Y el correctivo es mirar a Jesús como nuestro modelo, pero no en un intento de duplicar sus dones o ministerio. Debemos usarlo a él como ejemplo de alguien que entró completamente en el rol específico que le dio el Padre. De igual manera, nosotros debemos empeñarnos en entrar completamente en el rol específico que el Padre nos ha dado, aceptando tanto nuestros dones como nuestras limitaciones y alegrándonos en cumplir la voluntad del Padre para nosotros.

Filosofía del éxito adelante y arriba

Una variante de la trampa de «ser alguien en la vida» es la filosofía según la cual el éxito consiste en tomar la ruta que lleva cada vez más alto de lo que uno está ahora. En esta teoría, los obreros deben esforzarse por ser capataces, los capataces deben esforzarse por ser supervisores, los supervisores deben esforzarse por ser gerentes de planta, los gerentes de planta deben esforzarse por ser gerentes de división, los gerentes de división deben esforzarse por ser vicepresidentes, y los vicepresidentes deben esforzarse por ser presidentes.

¿Por qué? Si estás diseñado para dirigir, bien; serás bueno en ello, hasta cierto nivel de capacidad. Pero si no tienes dones para dirigir, ¿qué crees que pasará con tu gozo y tu paz si sigues subiendo? ¿Qué decir de los ministros de iglesias pequeñas? ¿Secretarios de pequeñas oficinas? ¿Profesores en escuelas rurales?

Trágicamente, la mayoría de los que se aventuran más allá de sus dones nunca están dispuestos o son psicológicamente capaces de hallar el camino de vuelta a casa. Aunque sean confrontados por fracasos evidentes en el desempeño como jefe de departamento, director de escuela, o directivo sindical y sean despedidos de sus empleos, adivina qué clase de empleo volverán a buscar.

Cuando las organizaciones promueven tal filosofía del éxito, obtienen la recompensa de su ceguera en decenas de pesadillas por incompatibilidad laboral, problemas relacionales, y un impacto negativo en su rentabilidad.

Para el cristiano, esa filosofía está plagada de nefastas implicaciones de la insolvente administración de sus dones y adoración de los falsos dioses del éxito. Dejar un empleo que involucra plenamente los dones de Dios con el fin de ascender a una posición que requiere lo que no se tiene es riesgoso.

Si no puedes usar los dones de Dios en el nuevo cargo, las exigencias ajenas a tu creación acumulan estrés y ansiedad que, si continúan, al final desmoronarán tu bienestar físico, emocional y mental. Esto carcome rápidamente tu relación con Dios y te dejará con las manos vacías cuando se te pida cuentas de cómo has usado tu porción de la riqueza de Cristo.

Pero cuando aceptamos los estándares de éxito y ambición de Dios, es diferente. Al avanzar en armonía con él, hallamos renovada energía en el trabajo arduo; descubrimos la salud en nuestras labores y dulzura en nuestros progresos.

El todopoderoso dinero

El todopoderoso dinero es otra manifestación de los patrones de este mundo para la cual necesitamos consciencia espiritual si queremos mantenerlo en la perspectiva correcta.

Los caminos y la sabiduría de Dios son sorprendentes cuando se trata de los detalles de la vida. Aquí él nos da a cada uno buenos dones que, si se desarrollan y disciplinan adecuadamente, pueden producir recompensas más que amplias para nuestras necesidades en esta tierra. De hecho, en la medida que vertemos nuestros dones en nuestro llamado, probablemente seremos recompensados por aquellos a quienes servimos.

Más allá de cierto punto, para la mayoría de las personas el dinero en sí mismo no tiene valor motivador. Probablemente menos del diez por ciento quieren ganar dinero porque tienen talento para ganar dinero. La mayoría vemos el dinero como evidencia de algo —que destacamos, entramos al equipo, obtenemos una respuesta, mejoramos, avanzamos, o como recompensa de un trabajo bien hecho— o como un medio para comprar lo que impresionará a los demás, realizar algún rol o imagen, calificar, hacer que algo rinda fruto, o construir una estructura.

Reconocer el lugar que ocupa el dinero en tu patrón motivacional debería ayudarte a manejar mejor su adquisición y administración. Es posible llevar el dinero a una correcta relación contigo, con tu patrón y con la expectativa de Dios.

Cambios de empleo como forma de vida

Hay muchos patrones motivacionales en un periodo de tiempo que no se acomodan fácilmente, dada la forma en que se administran la mayoría de las organizaciones. Aun las grandes compañías, agencias de gobierno, y complejos educacionales no administran sostenidamente la mayor parte de sus recursos humanos de una forma que satisfaga al empleado y a la vez sea productiva para la organización.

Los gerentes no administran activamente sus recursos humanos a menos que la calidad de la administración de las personas sea directamente medible según su contribución a los resultados finales cruciales. Aparte de ese hecho, no se percibe una preocupación por la otra persona como un valor de alta prioridad, excepto en los gerentes que tienen esa preocupación en su patrón motivacional o en sus valores.

Este evidente hecho de la vida causa especiales problemas para personas con ciertos diseños. La persona motivada a producir mejoras radicales en los resultados de operación ideando e implementando sistemas y controles esencialmente se queda sin empleo después que ha hecho esto. A menos que haya desafíos similares a poco andar, esta persona tiene la alternativa de seguir adelante o recluirse. Un problema similar espera al constructor, el superador, o el pionero. Un problema muy similar espera a la madre que ha sido apta para su rol y luego ve a sus hijos grandes partir del hogar.

Problemas más solucionables que los anteriores, pero todavía formidables, son los que esperan a las personas motivadas a asumir desafíos. Una vez que el desafío ha sido cumplido, el triunfador comienza a mirar alrededor la siguiente caja de pandora, y con frecuencia la encuentra en otra organización. Otro ejemplo es el de una persona que intenta volverse competente y demostrar aptitud en una nueva habilidad o una nueva máquina. Una vez que ha dominado la nueva tarea, este triunfador comienza a buscar alrededor, porque tiene un gran apetito por las nuevas avenidas del conocimiento.

Todos aquellos que se abren paso de esta forma para salir de un empleo adecuado para ellos enfrentan difíciles alternativas en tanto que son empleados en organizaciones que no se acomodan al diseño de ellos, excepto de tiempo en tiempo. Cualquier cristiano en esa posición —y hemos trabajado con muchos de ellos— necesita tener especialmente presentes tales implicaciones. Y debería buscar una posición, cuando llegue la oportunidad, donde regularmente pueda dar lo que Dios le ha dado para dar.

Nuestra recomendación es hablar con tu jefe (o empleador potencial) acerca de tu patrón motivacional y tu tendencia a agotar el desafío de un empleo, y discutir francamente el plazo más largo. Normalmente surge una variedad de oportunidades en un periodo relativamente corto, incluso en organizaciones pequeñas, que se pueden usar para darles un uso más productivo a los dones disponibles en los empleados.

El colega desagradable

Muchas personas que emprenden la evaluación de su carrera concluirán erradamente que su empleo no concuerda con su diseño, sin percatarse de que es cierto supervisor o jefe el que les hace la vida imposible, si no llanamente infeliz. Sin embargo, dado que nuestra relación con los demás ocupa al menos la mitad del segundo mandamiento, es decir, ama a tu prójimo, no osemos escapar de un empleo por causa de una relación sin mucho esfuerzo u oración adicionales.

Suponiendo que otros requisitos clave de un empleo son adecuados para ti, es posible que la espina de una persona en particular en tu vida no sea accidental, y lo mejor para ti sea ocuparte en aprender cualquier cosa que el Señor pretenda enseñarte por medio de ello. Unas pocas anécdotas de la vida de varios clientes cristianos dejarán claro el punto.

- A ti te gusta improvisar; pero tu jefa insiste en una preparación más completa, porque para ella la precisión y la impresión son importantes.

- Te gusta que te digan lo que se necesita y luego que te dejen solo para realizar el trabajo. Tu nuevo jefe insiste en vigilar cada párrafo que tú escribes para asegurarse de que le pones el punto a cada «i» y la tilde donde corresponde.
- Tu jefe te dice malas palabras. Tu jefe no es razonable. Tu jefe insiste en que trabajes muchos sábados. Tu jefe nunca habla claro y luego critica cómo haces algo. Tu jefe siempre se lleva el crédito por tus buenas sugerencias. Tu jefe tiene estándares imposibles. Tu jefe siempre te está fastidiando. Tu jefe nunca te pone atención. Tu jefe se vuelve demasiado personal. Tu jefe nunca te da la oportunidad de crecer. Tu jefe espera demasiado de ti.

El factor relacional de tu patrón es muy importante, y no incentivamos a las personas a tomar empleos que presenten dificultades relacionales si no es necesario. Pero como cristianos, también estamos conscientes de que existe un continuo drama entre las personas, donde se juegan serias consecuencias eternas. Ese hecho debería traer humildad a nuestras actitudes, especialmente en vista de los recursos que tenemos en Cristo en tanto que luchamos por la posibilidad de añadir al reino. El trabajo es un escenario obvio para la evangelización, porque en la camaradería del trabajo nos ganamos el derecho a ser escuchados, y ahí es donde mostramos el gozo de hacer aquello para lo cual Dios nos ha dotado.

Este también es el lugar donde apaciguar los ánimos. Ya debes estar familiarizado con estas quejas: «No logro que el turno de la noche alcance la cuota». «No puedo convencer al presidente de comprar el equipamiento que necesito». «Nadie aprecia el sacrificio que hago por ellos». «Dos de mi gente se han ido con un competidor en los últimos seis meses». «Nadie quiere correr riesgos». «Nadie aporta jamás nuevas sugerencias». «Estoy harto de las peleas entre el personal». «Estoy seguro de que mi mejor vendedor está buscando mi puesto». «No recibo ningún respeto». Cada una de estas quejas es un lugar para la acción o la oración intercesora de parte del cristiano.

Tal vez hayas experimentado personalmente algunos de los siguientes disgustos: «Cuesta tanto hacer amigos en este departamento». «Uno no es nadie a menos que venga de la planta de la capital». «Los ingenieros de la sección de diseño jamás aceptarán mi trabajo sin cuestionarlo». «¿Por qué contabilidad siempre duda de mi informe de gastos?». «Sinceramente creo que el director hizo nuestro horario difícil intencionalmente». «¿Por qué el auto compartido siempre tiene que esperar a Carlos?». «Creo que están hablando a mis espaldas». «¿Por qué siempre me culpan a mí?». «Lo hacen sentir estúpido a uno». «Él lo hace quedar a uno como tonto». «Mis alumnos son muy rebeldes».

Las dificultades con las personas pueden volver desdichado un empleo que por lo demás uno realmente disfruta. Eso justificaría la queja. Sin embargo, cada caso es un asunto de personas que se reúnen e idealmente se supone que es una oportunidad para que Cristo esté en medio. Pero si los dos o tres no se reúnen en su nombre, tú que llevas el nombre no puedes suponer que debes tomar la postura de algún mundano quejumbroso. Siempre debes usar cualquier situación por causa del amor y del reino. Mira al Señor en cada caso para descubrir cómo deberías remplazar la manera en que tú quieres actuar por la manera en que debes actuar, aun cuando la reunión implicada sean solo tú y tu jefe.

Un encargo para cuidar

Perder tu gozo por causa del mundo es una ofensa a Dios, porque, al igual que Adán, tú tienes un llamado. No eres el resultado de circunstancias azarosas o una implacable ley de causa y efecto. Dios te ha convocado a la existencia para su propósito escogido, y te ha diseñado para ser singularmente capaz de cumplir ese propósito y hallar gozo en ello.

Dios desea que produzcas fruto eterno por medio de tu llamado. No presumimos que conocemos la naturaleza exacta de esa cosecha, pero sabemos que será fiel a tus dones, y producirá gozo, paz y justicia. No permitas que este asunto del llamado y el gozo se mantengan como una idea teológica, sino tradúcela a la experiencia práctica. La Escritura te insta a hacerlo:

> Pero teniendo diferentes dones, según la gracia que nos ha sido dada, usémoslos (Ro 12:8 NBLA).
>
> En cualquier caso, cada uno debe vivir conforme a la condición que el Señor le asignó y a la cual Dios lo ha llamado (1Co 7:17).
>
> Porque somos hechura de Dios, creados en Cristo Jesús para buenas obras, las cuales Dios dispuso de antemano a fin de que las pongamos en práctica (Ef 2:10).
>
> Por eso yo, que estoy preso por la causa del Señor, les ruego que vivan de una manera digna del llamamiento que han recibido (Ef 4:1).

No podemos amar a Dios con todo el corazón, la mente y las fuerzas, ni podemos amar a nuestro prójimo, excepto mediante los dones que se nos han concedido, y el llamado o las obras para los cuales esos dones son singularmente apropiados.

Esta no es una opción. Se requiere un desempeño. Descubrir tu llamado no es una abstracción reservada para los más concienzudos y comprometidos seminaristas. Es algo fundamental para cualquier vida que procure edificar y permanecer en Jesucristo.

¿Y qué debe hacer una persona que está en un empleo no compatible con sus dones, pero debe permanecer ahí por razones con las cuales cualquiera estaría de acuerdo; por ejemplo, la prolongada mala salud del cónyuge? Suponiendo que la permanencia en tal posición no es evidencia de una falta de fe o de valentía y es un deber circunstancial, como cristianos debemos reconocer la situación como un llamado al sufrimiento. Tal sufrimiento diario no es un martirio dramático. No obstante, es una forma de entregar la propia vida por otro, y miles lo han hecho y lo están haciendo. Jesucristo comprende por experiencia ese sacrificio, pues él dejó de lado aquello para lo que estaba dotado con el fin de entregar literalmente su vida por todos nosotros. Así como Cristo experimentó el gozo en el amor sacrificial, así también aquellos cristianos que permanecen sacrificialmente en empleos no gratificantes por causa de sus seres amados. Ellos deben buscar oportunidades fuera de su empleo para aplicar sus dones, quizá en la iglesia, la comunidad, o en casa, pero algún lugar donde también ellos puedan saber que han sido dotados por Dios.

Cuando se nos da una carga que soportar, debemos soportarla sin quejarnos. De hecho, debemos esperar que Dios la transforme como transformó la carga de la cruz para Jesús. La cuestión seria del cristianismo es que cada uno de nosotros tiene una carga que soportar, y no debemos evitarla. No obstante, no tenemos que tomar aquella que el Señor no nos ha dado. A Dios no le place que comamos piedras cuando él nos ha dado pan, o que busquemos dolor cuando él ofrece alegría.

12

Dones espirituales y dones naturales

Durante nuestros viajes a través de Estados Unidos, al impartir talleres y conferencias a distintos grupos cristianos, descubrimos un alto nivel de interés en los dones espirituales expresado en el tipo de preguntas que nos hacen. La naturaleza de nuestro trabajo estimula fácilmente la discusión sobre esta materia.

Y debería haber interés en los dones espirituales, puesto que la iglesia del Nuevo Testamento adquirió visibilidad mediante el uso de aquellos. Los resultados del ejercicio de tales capacidades le demostraron al mundo que la iglesia era una fuerza con la cual contender. La historia de la iglesia desde entonces demuestra que existe una fuerte correlación entre el uso de los dones espirituales y el crecimiento de la iglesia. La iglesia contemporánea en Sudamérica le ha vuelto a enseñar ese hecho a la iglesia de Norteamérica.

Las Escrituras no nos permiten volvernos rígidos respecto al asunto de los dones. Si todo acerca del tema estuviera claro, no habría tanta disparidad en la cifra total de dones espirituales que se han catalogado en diversos libros sobre la materia, ni habría tanta controversia entre los maestros y predicadores cristianos acerca de su función y de cómo se reciben.

La controversia no le ha hecho bien a la iglesia. No criticamos el intento de llegar a un grado de ortodoxia dentro de un cuerpo cristiano dado, pero nos parece pretensioso crear un grado de especificidad que la propia Biblia evita, o hacer un énfasis en algo al enseñar las verdades escriturales que la Biblia no enfatiza. Necesitamos un sentido de proporción cuando abordamos estas materias. Los errores doctrinales respecto a los dones espirituales no pueden estar ni cerca del desastre que ocurre en los errores doctrinales respecto a la divinidad de Cristo, por ejemplo, así que no debemos tratar ambos temas con el mismo grado de pasión, como si la Biblia no enfatizara uno más que otro.

Cualquiera que sea nuestra conclusión respecto a los dones, personalmente hemos descubierto que es más útil para nuestro pensamiento reconocer y desarrollar dos principios principales que crean cierto grado de polaridad si no de paradoja.

La condición paradójica estuvo en el centro de nuestro análisis de la santificación cuando intentamos resolver la cuestión de la gracia y las obras. También está presente en la verdad de que al ser crucificados con Cristo estamos muertos, pero también vivimos. La paradoja reaparece en el matrimonio, donde los cónyuges son «una carne», y nuevamente en la Trinidad, donde tres Personas son una Persona. Es imposible resolver cabalmente alguna de estas cuestiones, porque el poder de su vitalidad emerge de la paradoja misma.

Para analizar la paradoja de los dones espirituales, vamos a explotar a Friedrich Nietzsche, entre toda la gente. Él fue un filósofo alemán que en vano intentó crear a Dios a su propia imagen. Pero es útil en tanto que, tomando de la mitología griega, comparó el elemento dionisíaco en el ser humano con lo apolíneo. El primer elemento es el de la alegría en la acción, de la emoción extática, la inspiración, y la aventura vívida. Lo apolíneo, en contraste, era el orden lógico, lo armonioso, y de carácter equilibrado.

Se podría argumentar a favor de cualquiera de estas expresiones como la mejor cualidad dominante, porque hay elementos buenos en ambas. Sin embargo, la personalidad más noble en la antigua Grecia no era ni la una ni la otra, sino una unión de ambas. Quizá este podría ser un enfoque útil para comprender los dones espirituales, así que consideraremos esta división y síntesis.

El orden lógico en los dones espirituales

La Biblia no tiene una división fuerte y categórica de los dones en espirituales y naturales. De hecho, en algunos pasajes de la Escritura pareciera que el escritor podría estar considerando ambos tipos.

Vemos evidencia de mucho que procede lógicamente de lo natural en el ser humano en un continuo de armonía y orden desde lo natural a lo espiritual. La base de esta posición se percibe en el Antiguo Testamento, donde el Espíritu Santo actuaba en la vida de los individuos, en ocasiones únicas, de una forma que usaba como fundamento los dones naturales que ya eran evidentes. Los siguientes son algunos ejemplos:

- Antes que Salomón pidiera en oración y recibiera un don de sabiduría (ver 1R 3:9-12), David, su padre, ya consideraba que aquel tenía un don natural de sabiduría (ver 1R 2:6-9).
- Moisés tenía la capacidad y motivación para actuar como gobernador y juez de los israelitas, pero no intentó hacerlo antes que Dios lo capturara y lo ungiera para sacar a su pueblo de Egipto (Éx 2:11-14 comparado con Hch 7:22-28).
- Daniel y sus tres amigos tenían el don de la sabiduría, eran versados en ciencia, y en general eran instruidos (ver Dn 1:4) antes que Dios le diera a Daniel una oportunidad extraordinaria de ejercer entendimiento en «toda visión y todo sueño» (Dn 1:17). Nótese que Dios les dio diez veces más sabiduría y entendimiento que los magos y astrólogos (ver Dn 1:20).
- José tenía el don de interpretar sueños y visiones cuando era adolescente (ver Gn 37:5-11) años antes de que el Espíritu de Dios lo capacitara para interpretar el sueño del faraón y los de sus compañeros de cárcel (ver Gn 40, 41). José dijo: «No depende de mí. Pero Dios dará al faraón una respuesta propicia» (Gn 41:16 RVC), lo cual es una excelente definición de un don espiritual.
- Dios a menudo seleccionó a quienes ya tenían la capacidad y la motivación naturales para proveer servicios específicos y les dio una abundancia sobrenatural de la misma capacidad. Por ejemplo: «Todos los que tenían el mismo espíritu artístico, y a quienes el Señor había dado pericia y habilidad y se sentían movidos a venir y hacer el trabajo» (Éx 36:2). Sansón poseía una enorme fuerza natural, pero se le concedió fuerza sobrenatural (ver Jue 14:6, 19; 15:14).

La misma clase de evidencia existe en el Nuevo Testamento, donde la voluntad natural del ser humano se debe usar junto con la práctica lógica para poner a funcionar el don espiritual.

> En cambio, el alimento sólido es para los adultos, para los que tienen la capacidad de distinguir entre lo bueno y lo malo, pues han ejercitado su facultad de percepción espiritual (Heb 5:14).

> Por eso te recomiendo que avives la llama del don de Dios que recibiste cuando te impuse las manos (2Ti 1:6).

> Oraré con el espíritu, pero también oraré con el entendimiento (1Co 14:15).

> No descuides el don espiritual que recibiste mediante la profecía que se pronunció acerca de ti cuando los ancianos de la iglesia te impusieron las manos (1Ti 4:14 NTV).

Es interesante considerar en el último verso la necesidad de la dirección del Espíritu Santo para orar por los dones que se ajustan a la persona. Todo esto habla de equilibrio y una clara afirmación del orden lógico en las cosas espirituales, donde lo natural del ser humano es validado, y puede ser validado porque ha sido alineado con los propósitos de Dios.

Muchos estarían complacidos si concluyéramos el asunto aquí, pero la norma que usamos para juzgar no puede ser nuestra motivación, temperamento o inclinación. Debemos usar las normas bíblicas, y por vergonzoso que pueda ser para muchos, aun una lectura somera del Nuevo Testamento revela claramente en el área de los dones espirituales que estamos tratando con un poder dinámico.

Inspiración en los dones espirituales

El distintivo de la actividad del Espíritu en la iglesia es una demostración explosiva de actos poderosos (Ro 15:18; 2Co 12:12); más que eso, incluso implica éxtasis (2Co 12:1-7).

Sanidades dramáticas, profecía, discernimiento, amor sacrificial, exorcismo, hablar en lenguas, y juicio de tal sabiduría y severidad que ocasiona la muerte (todo ello tan extraordinario que ha sido llamado *charismata*) son evidencias del poder divino que señala a la iglesia como el verdadero pueblo de Dios.

Este nuevo esplendor del Espíritu Santo reflejado por la iglesia remplaza la *shekinah* (presencia de Dios) en el Antiguo Pacto. Sobrepasa la maravilla de la presencia de Dios en el Lugar Santísimo del tabernáculo judío y, por lo tanto, en ninguna medida puede ser menos dramático. De hecho, la relación del cristiano con el pacto judío es un tema bíblico recurrente. «Ustedes, hermanos, al igual que Isaac, son hijos por la promesa» (Gá 4:28). «Porque Dios, que ordenó que la luz resplandeciera en las tinieblas, hizo brillar su luz en nuestro corazón para que conociéramos la gloria de Dios que resplandece en el rostro de Cristo» (2Co 4:6).

La operación del Espíritu Santo en el Nuevo Pacto es una exhibición bastante llamativa y de tal calidad que su testimonio debe ser claro para la iglesia y especialmente para el mundo. Dios está trabajando.

Así que ahí estamos. No podemos considerar los dones espirituales sin ver su conexión con los dones naturales. Pero no podemos esperar que la evidencia de los dones espirituales en operación luzca meramente como el ejercicio de los dones naturales con contenido teológico.

Síntesis

> Cada uno ponga al servicio de los demás el don que haya recibido, administrando fielmente la gracia de Dios en sus diversas formas... Hágalo como quien tiene el poder de Dios. Así Dios será en todo alabado por medio de Jesucristo, a quien sea la gloria y el poder por los siglos de los siglos. Amén (1P 4:10-11).

Los dones del Espíritu difieren de los naturales porque requieren que el Espíritu Santo venga a una situación de manera única. El don espiritual no se puede expresar solo mediante el poder natural, sino que requiere que el contenido y la dirección vengan del Espíritu Santo. Eso no implica que se pase por alto la voluntad de la persona que ejerce el don. El ejercicio requiere la participación del individuo mediante el uso de capacidades naturales, pero nada se logra sin el involucramiento específico y directo del Espíritu Santo.

El Espíritu Santo no transgrede la voluntad humana para que se ejerza un don. La operación de un don espiritual es totalmente contraria al ejercicio de los «dones» demoniacos, en el cual, como en las prácticas ocultas o sesiones espiritistas, la persona «dotada» renuncia a su voluntad con el fin de convertirse en un vehículo, una marioneta de los espíritus. En el ejercicio de un don espiritual, el cristiano debe ejercer su voluntad o no sucederá nada real. La voluntad del cristiano no se ejerce de manera abstracta, ni se puede ejercer pasivamente. Se ejerce actuando, en este caso, usando los dones naturales a los cuales el Espíritu Santo imparte inspiración más allá de aquello que lo natural podría conseguir por sí solo. Esto, desde luego, es una repetición de la forma en que Dios ha actuado en el pasado cuando el cuerpo de un hombre fue habitado por Dios, cuyo resultado fue verdadero hombre y verdadero Dios simultáneamente. En el uso de un don espiritual, está claro que un hombre o una mujer están ejerciendo capacidades que él o ella poseen. Está igualmente claro que Dios está manifiestamente involucrado.

El don natural no puede ir más allá de la capacidad racional o intuitiva de la mente. El don espiritual, sin embargo, permite que uno trascienda la razón a fin de captar un misterio o revelación. Así, el ejercicio de un don espiritual puede superar la razón sin ser irracional, pues puede depender de la razón con el fin de expresar parte de su contenido.

Es muy saludable comprender ambas clases de dones cuando nos damos cuenta de que Dios es el dador de los dones tanto naturales como espirituales. Nunca hemos visto ni podemos entender que Dios conceda un don sobrenatural del Espíritu que no esté al menos en armonía con, si no es una extensión de, los dones naturales de una persona. ¿Por qué Dios iba a transgredir su propia creación dándole un don sobrenatural a alguien sin el sustrato natural para su expresión? A veces se ejerce un don espiritual a pesar de los problemas psicológicos que de otro modo inhibiría, a veces a pesar de dificultades emocionales o temores, pero probablemente no a pesar de quién era la persona en primer lugar.

Todo lo que hemos escrito acerca de los dones naturales ejercidos de manera independiente es cierto respecto a los dones espirituales. Tus dones, espirituales y naturales, deberían funcionar en el contexto de un cuerpo de cristianos que te conozcan bien, para beneficio de ellos. Ellos deberían confirmar tu don, ayudar en su disciplina, y cultivar su crecimiento y uso. Las dos clases de dones pueden ser indebidamente usados, y ambos necesitan disciplina. Un cuerpo maduro de creyentes puede impedir que cometamos el error de o enfatizar los dones naturales por temor a los sobrenaturales, o bien vestir los dones naturales con la apariencia de los espirituales. El uso oportuno y efectivo de los dones evitará ese terrible fenómeno de la iglesia muerta.

Es bien sabido que el gran capítulo del amor en la Biblia (1Co 13) está en medio de dos capítulos sobre los dones espirituales. Es también de conocimiento común que el amor se trata de dar y recibir. Solo se puede dar lo que se tiene. Uno ama a los demás por medio de su don. Uno también ama a los demás no ejerciendo su don a fin de permitir que ellos ejerzan el suyo. El amor requiere que uno ofrezca o retenga conforme a lo que debe suceder, no conforme a los deseos de uno. El cuerpo cristiano compuesto de individuos preocupados por una sabiduría tan amorosa respecto al momento oportuno se convierte en un cuerpo sensible a la efectividad y el amor de sus ministerios. No existe comunidad más atractiva, como demuestra su resultante crecimiento. En todo esto, el gozo y la vida abundante están garantizados; no hay aburrimiento en semejante cuerpo de creyentes.

13

No puedes hacerlo solo

Nuestra intención aquí es poner de relieve la sabiduría y necesidad de que cada cristiano que procura cumplir el llamado de Dios para su vida forme parte de un cuerpo de cristianos funcionando efectivamente. El Nuevo Testamento no solo establece claramente la idea, sino que además establece el rol central que desempeñan los dones en el funcionamiento de ese cuerpo.

> Más bien, al vivir la verdad con amor, creceremos hasta ser en todo como aquel que es la cabeza, es decir, Cristo. Por su acción todo el cuerpo crece y se edifica en amor, sostenido y ajustado por todos los ligamentos, según la actividad propia de cada miembro (Ef 4:15-16).

Para permanecer en Cristo es necesario permanecer en su cuerpo terrenal. Es prácticamente imposible, y teológicamente dudoso, que el cristiano permanezca y crezca en Cristo sin ser un miembro activo de un pequeño grupo de creyentes que funcionan conforme a la Escritura.

La palabra «solo» no significa únicamente en solitario, sino que incluye también el estar en una iglesia donde el cuerpo no funciona de una forma bíblica, y donde esencialmente caminas a solas en grupo.

Una comunión valiosa puede asumir muchas formas. Podría ser la experiencia de la iglesia entera. Puede ser un grupo o grupos de comunión dentro de un cuerpo eclesiástico más grande. Podría surgir de una parroquia o una reunión de personas con una preocupación común por ser responsables en su compromiso. La forma que asuma debería estar determinada por las realidades locales.

Tu lugar en el cuerpo lo determinan los dones que Dios te dio

«Por su acción todo el cuerpo crece y se edifica en amor, sostenido y ajustado por todos los ligamentos, según la actividad propia de cada miembro» (Ef 4:16). Dios te concede dones para ser usados adecuadamente en conjunción con otras partes del Cuerpo. Que tú te ofrezcas para servir, o aceptes una invitación a servir, en un lugar que requiera que funciones fuera de tu diseño puede parecer espiritual, pero no tiene respaldo en la Escritura.

Eso no significa que evites el trabajo sucio si te lo piden. No significa que no puedas ser dejado al margen por un tiempo. No significa que no sostengas a alguien que está flaqueando porque ese no es tu rol en el Cuerpo. Eso es estúpido. Es un engaño. Eso evade la cuestión y advertencia escritural central.

Si un trabajo por hacer carece de alguien dotado para que lo haga, reexamina la necesidad de ese trabajo. Dios no comete errores. Puede que tu grupo esté en un desvío de origen humano.

Si no eres líder, no lideras. No lideras incluso si te gusta la idea de ser líder. El líder lidera porque está ungido por Dios para liderar. Lidera porque para él liderar es como respirar. Lidera porque está diseñado para liderar. Y lo que ocurre con el liderazgo también ocurre con la enseñanza, la administración y el socorro. Ocurre con lo visible y aclamado; ocurre con lo escondido y humilde.

Uno no anuncia su don a la comunidad ni crea un sitio para sí mismo. A medida que surgen las oportunidades, uno demuestra su don y permite que la comunidad confirme nuestro don y provea mayores oportunidades para su uso.

Deben estar juntos con frecuencia

«No dejemos de congregarnos, como acostumbran hacerlo algunos» (Heb 10:25). «Más bien, mientras dure ese "hoy", anímense unos a otros cada día» (Heb 3:13). En tus actividades ajetreadas, debes establecer prioridades para conducir tu vida y no ser ahogado por ella. Los negocios, la familia, la recreación, la iglesia, ¿es ese el orden de tus prioridades?

El tiempo o se invierte o se pierde. Y el tiempo ocupado en cualquier área de tu vida no es inherentemente mejor o peor usado que el que ocupas en otra área. Mucho depende de tu motivación para lo que haces, especialmente si haces lo que haces para deleitarte en o agradar al Señor.

Aparte de esa importante consideración, adorar al Señor y dedicar tiempo a orar, ganar tu sustento, y ministrar las necesidades de tu familia probablemente sean los únicos usos del tiempo que se ubican por sobre tu participación activa en el Cuerpo de Cristo, del cual eres parte.

Sí, la Liga Amateur es valiosa; sí, el tenis es buen ejercicio; sí, la televisión en ocasiones puede dar ánimo; sí, pintar los mesones de la cocina de la iglesia es necesario. Sí, pasar tiempo con la familia en las noches, simplemente estar juntos, sin hacer nada en particular, tiene un lugar en la vida espiritual equilibrada. Sí, los trámites son necesarios, a veces. Pero en frente o encima de esa lista y otros cien ítems similares está una necesidad crucial para tu salud y madurez espirituales. Aparte de tu vida personal interior con Dios, la participación activa a involucrada en un cuerpo de creyentes es necesaria para permanecer en Cristo; para el crecimiento y la madurez en Cristo. Independientemente del lugar donde tu vocación ocupe tu tiempo, es esencial la membrecía activa en una comunidad activa.

La participación activa no solo significa que se reúnen, sino que además están en contacto unos con otros durante la semana. Ofreces ayudar a los hermanos cuando necesitan una mano extra. Pides oración. Oras por los hermanos. Tienen comidas juntos. Tomas el lugar de otro cuando tiene problemas. Pides ayuda cuando estás en problemas, o tú y uno de tus hijos están pasando una dificultad. Compartes sabiduría. Buscas sabiduría.

Respetar y usar los dones del otro

> En realidad, Dios colocó cada miembro del cuerpo como mejor le pareció. Si todos ellos fueran un solo miembro, ¿qué sería del cuerpo? Lo cierto es que hay muchos miembros, pero el cuerpo es uno solo. El ojo no puede decirle a la mano: «No te necesito». Ni puede la cabeza decirles a los pies: «No los necesito»... Dios ha dispuesto los miembros de nuestro cuerpo, dando mayor honra a los que menos tenían, a fin de que no haya división en el cuerpo, sino que sus miembros se preocupen por igual unos por otros (1Co 12:18-21, 24-25).

Cometemos una necedad cuando adulamos los dones de, por ejemplo, enseñanza, predicación, o liderazgo. Al hacerlo pecamos, y con el tiempo podemos llevar a aquellos que admiramos a pecar también. Mostramos sabiduría cuando buscamos la inteligencia y el consejo de otras personas en el Cuerpo. Conocer los dones de cada persona, junto con el requerimiento y el uso activo de esos dones, es salud y equilibrio.

En sí mismos, nuestros dones pueden ser una distorsión. Cuando se combinan con otros dones, el resultado es una dieta balanceada. La acción social combinada con la piedad consigue justicia duradera. La innovación moderada por el juicio prudente consigue excelencia utilizable. El panorama general, cuando es completado por alguien que ve todos los detalles, realmente merece elogios. El juicio penetrante moderado por la misericordia es verdad que hace libre.

Así que podemos estar entusiastas con el plan del pastor de ganar el mundo para Cristo. Pero mientras estamos ocupados en ello, necesitamos la amonestación del anciano Pedro acerca de los pobres en nuestro barrio, la enseñanza del anciano Pablo sobre tratar el pecado en nuestra vida diaria, y la recomendación del anciano Juan de que seamos fieles en dar de nuestros ingresos como un paso inicial del crecimiento espiritual.

Aprecia a tus líderes por su labor

Si tienes un problema con un líder (o cualquiera de los hermanos), enfócate en los dones que Dios ha dado y el uso que hacen de esos dones. «Hermanos, les pedimos que sean considerados con los que trabajan arduamente entre ustedes, y los guían y amonestan en el Señor. Ténganlos en alta estima, y ámenlos por el trabajo que hacen. Vivan en paz unos con otros» (1Ts 5:12-13).

Algunas personas nos agradan. Algunas personas en realidad no nos agradan. Respecto a algunas personas nos sentimos más bien neutrales. Cualquiera que sea el caso con alguna persona en particular, con frecuencia ello se manifiesta si esa persona está en una posición de liderazgo sobre uno.

Se nos manda que mostremos «amor no fingido» a todos los hermanos, incluidos nuestros líderes. Una forma práctica de hacer esto con los líderes que te significan un problema es mirar aquello en lo que están dotados y el fruto de esos dones en tu comunidad.

No sigas la tendencia humana natural de justificar tus sentimientos negativos con referencia a una debilidad. Lo que Dios les ha dado merece elogio, aun si la vasija tiene alguna mancha a tus ojos. Nuestro propio Señor Jesús propuso esta solución para aquellos a quienes les resultaba difícil aceptarlo a él y a su Padre como uno. «Créanme cuando les digo que yo estoy en el Padre y que el Padre está en mí; o al menos créanme por las obras mismas» (Jn 14:11).

Debes someterte a la autoridad del don que reside en cada miembro

«Sírvanse unos a otros con amor» (Gá 5:13). «Sométanse unos a otros, por reverencia a Cristo» (Ef 5:21). Nuestra esperanza es que los líderes laicos manifiesten efectivamente sus dones en sus vocaciones seculares y lleven la evidente autoridad de los dones al trabajo y el funcionamiento de la iglesia.

Subgrupos de quienes tienen intereses comunes

«Pero a cada uno de nosotros se nos ha dado gracia en la medida en que Cristo ha repartido los dones» (Ef 4:7). La organización de una comunidad cristiana necesita incluir tres propósitos centrales: 1) adoración, 2) crecimiento en Jesucristo, y 3) trabajo en servicio de él.

La adoración corporativa y la enseñanza y predicación generales tienen un efecto unificador y nutriente en todo el cuerpo eclesiástico. Esa es una necesidad continua. Pero la comunidad también debe considerar las necesidades específicas de los individuos y los grupos dentro del cuerpo. Allí donde el cristiano es un bebé en Cristo y está empezando a desarrollar la fe en su vida, puede necesitar comunión con miembros que, aparte de su líder, igualmente lidien con la compulsividad de sus patrones motivacionales o los hábitos o la ignorancia espiritual. Los elementos de compartir, confesar, confrontar, alentar, tan cruciales para el crecimiento temprano, son efectivos en compañía de otros principiantes. En estas comunidades, los hermanos con dones para enseñar, aconsejar y confrontar son de gran valor para la iglesia.

Más tarde, cuando el cristiano está siendo capacitado para funcionar como un hijo de Dios maduro, se requiere un tipo diferente de comunión, y, con toda probabilidad, un grupo diferente. Cuando el cristiano pasa de la leche de las doctrinas elementales de Cristo aprendidas anteriormente (es de esperar) de un maestro capacitado, y a las cuales se les ha permitido echar raíces, necesita aprender a avanzar con poder y humildad. Ponerse y usar la armadura de Cristo en su batalla diaria contra el pecado y el enemigo; comprender y usar los dones espirituales;

comprender la mente de Dios en situaciones particulares de decisión y enfermedad; y aprender a permanecer más a menudo y más plenamente; estos deberían ser los contenidos en este nivel de nuestro programa de comunión del cristiano.

El apoyo mutuo de otros que estén en la misma etapa del viaje es tan vital como la presencia de líderes experimentados. El punto en el que una persona está lista para recibir los elementos más sustanciosos del camino de la fe realmente varía de una persona a otra. Pero en el momento preciso es crucial que el cristiano pase de una comunión más introspectiva y de fraternidad, preocupada de aprender a gatear, a una que esté preocupada de formar músculos espirituales.

No demasiado pronto, pero en algún punto, el cristiano necesita enfocarse en algún ministerio de la iglesia. Aquí la comunión probablemente debería incluir reuniones frecuentes de los interesados en ese ministerio. Si bien el trabajo de la iglesia local difícilmente es el límite de la «labor al servicio de Dios», creemos que estos ministerios son fundamentales para el crecimiento y el carácter del reino en la tierra. Cada cristiano maduro debería contribuir con sus dones a una u otra de tales labores de llegada a la gente, ministrando a los necesitados, enseñando la Palabra de Dios, y todo lo demás. Por ejemplo, los maestros deberían enseñar, los vendedores e influyentes deberían evangelizar, los ayudadores deberían distribuir alimento y servicios a los pobres, y los consejeros deberían trabajar con las viudas, los adolescentes y parejas en problemas.

Deben confesarse sus fortalezas unos a otros

«Por eso, confiésense unos a otros sus pecados, y oren unos por otros, para que sean sanados» (Santiago 5:16). «Ayúdense unos a otros a llevar sus cargas, y así cumplirán la ley de Cristo» (Gá 6:2). Entre aquellas transgresiones que normalmente consideramos pecados están las que residen cerca de nuestras fortalezas. Por tal motivo, con frecuencia el pecado se puede rastrar hasta el mal uso, el abuso, o el no uso de nuestros dones. Necesitamos entender el patrón motivacional de cada miembro del Cuerpo.

Por ejemplo, es posible abusar del don de perfeccionar y dominar al frenar ideas que no se prestan para ser perfeccionadas. Tanto el perfeccionista como el Cuerpo necesitan estar conscientes del don y de su potencial abuso, y buscar la limpieza de la confesión y el perdón cuando se ha causado daño por seguirlo de manera compulsiva.

Otro ejemplo sería la persona tan motivada a agradar y servir a los demás que es incapaz de hablar la verdad que percibe por temor a ofender. Ella necesita confesar.

Un ejemplo más es la persona con el don de discernimiento que lo usa para ser crítica o para estar deprimida. La confesión de esas propensiones y la oración por parte del Cuerpo para ser sanado del mal uso son necesarias.

Se debe «tratar» el patrón de cada uno

«Que habite en ustedes la palabra de Cristo con toda su riqueza: instrúyanse y aconséjense unos a otros con toda sabiduría» (Col 3:16). «Por lo tanto, dejando la mentira, hable cada uno a su prójimo con la verdad, porque todos somos miembros de un mismo cuerpo» (Ef 4:25). Aunque sea doloroso para algunos, y otros lo disfruten, todos necesitamos aconsejar y ser aconsejados en un momento u otro. El Señor usa a otras personas para disciplinarnos, para reprendernos, para castigarnos. Una lectura de Hebreos 12:1-13 lo deja claro. La disciplina es una señal de que él nos ama. Es una señal de que los hermanos se aman mutuamente, porque la verdad de una clase difícil puede requerir amor franco y no fingido para motivar su expresión. Cuando uno es el receptor de ese amor, la palmada hace su trabajo, pero nunca hiere el espíritu.

Alejarse del Señor para hacer lo nuestro; usar alguna excusa pobre para justificar el hacer lo que queremos; usar cualquier pretensión para atraer la atención hacia uno; arrojarse desde el Espíritu al dominio del debate rencoroso para demostrar que estoy en lo correcto; justificar mi excesivo control de una situación; no hacer un necesario trabajo detallado en mi área de responsabilidad porque estoy demasiado ocupado haciendo tareas «importantes»; y cien jugadas similares, todo ello necesita la atención de otras personas en el Cuerpo.

Finalmente, un punto importantísimo sobre la disciplina cristiana: cuestionamos que una persona pueda disciplinar a otra en todos los ámbitos de su vida. La Escritura dice que debemos someternos unos a otros, y eso significa que no hay ninguna autoridad sobre todas las materias excepto Jesucristo. Ninguna persona posee más que algunos dones de Dios. Cualquier persona que se extralimite de sus dones ungidos y presuma de actuar con autoridad está operando sin la clara autorización de Dios.

No deben murmurar unos contra otros

> Hermanos, no hablen mal unos de otros (Stg 4:11).
>
> No se quejen unos de otros, hermanos (Stg 5:9).
>
> Que el Dios que infunde aliento y perseverancia les conceda vivir juntos en armonía, conforme al ejemplo de Cristo Jesús, para que con un solo corazón y a una sola voz glorifiquen al Dios y Padre de nuestro Señor Jesucristo (Ro 15:5-6).
>
> Les suplico, hermanos, en el nombre de nuestro Señor Jesucristo, que todos vivan en armonía y que no haya divisiones entre ustedes, sino que se mantengan unidos en un mismo pensar y en un mismo propósito (1Co 1:10).
>
> Pero, si siguen mordiéndose y devorándose, tengan cuidado, no sea que acaben por destruirse unos a otros (Gá 5:15).
> No dejemos que la vanidad nos lleve a irritarnos y a envidiarnos unos a otros (Gá 5:26).

A pesar de lo bobos, indolentes, ciegos, cabeza dura, parlanchines, carnales, superespirituales, pedantes, desaliñados, farsantes, humildes, teóricos, controladores o hipócritas que nos parezcan los hermanos, no tenemos alternativa. Si empezamos a quejarnos, empezamos a destruir. Si comenzamos a criticar, comenzamos un largo y acelerado desliz hacia la dureza de corazón que, tomada en conjunto, matará al Cuerpo.

Nada justifica un espíritu censurador. A nadie lo edifica el estar continuamente expuesto a un talento finamente pulido para percibir y anunciar lo que está mal. No podemos recordar muchos casos en que alguien se haya beneficiado siquiera de la murmuración ilustrada.

Una forma de reducir las respuestas críticas a los demás es entender los patrones motivacionales de los miembros de tu Cuerpo. Cuando sabemos que sus acciones nacen de sus dones y motivaciones, podemos sentir diferente en medio de una colisión de lo que se percibía como un choque de personalidades. Carlos procura controlar, Hugo alentar, Patricio impresionar, María ministrar, Juan innovar, Bruno ingeniar, Carolina enseñar. Al conocer cada patrón, uno puede aceptar mejor lo que viene con la persona detrás del patrón. Así estamos menos inclinados a tomarnos personalmente lo que se dice. Estamos menos inclinados a condenar, porque lo que la otra persona dice y hace tiene perfecto sentido a sus ojos. Estamos mucho más inclinados a disfrutar unos de otros, o al menos a ser comprensivos y generosos.

Deben mostrar amor sincero por los hermanos

«Ahora que se han purificado obedeciendo a la verdad y tienen un amor sincero por sus hermanos, ámense de todo corazón los unos a los otros» (1P 1:22). Para alcanzar un punto de amor sincero por los demás, primero debemos abrirnos a ese amor de parte de Dios. Solo cuando hemos experimentado la realidad de tal pasión y hemos visto la enormidad de nuestro pecado y su sacrificio por nosotros comenzamos a entender lo que el Señor nos ha mandado que nos demos unos a otros.

En cuanto a los dones mediante los cuales amamos, la amonestación respecto a un amor ferviente y sincero contempla una incondicional entrega de nuestros dones, disponibilidad pronta para los demás en el Cuerpo, y una búsqueda activa de esos seres amados si la relación se ve amenazada. Tal amor es la antítesis de las normas sociales que habitualmente seguimos.

Si un miembro tiene problemas en alguna área de su vida, alguien se acerca a esa persona y se involucra. Si un miembro comienza a alejarse del Cuerpo o cierra la comunicación significativa, alguien actúa y descubre por qué lo hace, y las confesiones y la oración comienzan a fluir.

El amor de Dios es fuerte para derribar aquello que obstruye su camino. Dios nos manda que amemos a su manera, y él ha provisto el poder para hacerlo, si estamos dispuestos.

Deben amar por medio de sus dones

> Sobre todo, ámense los unos a los otros profundamente, porque el amor cubre multitud de pecados. Practiquen la hospitalidad entre ustedes sin quejarse. Cada uno ponga al servicio de los demás el don que haya recibido, administrando fielmente la gracia de Dios en sus diversas formas (1P 4:8-10).

Quizá yo no tenga el don de consejería, pero puedo cultivar un bello huerto. No tengo el don para enseñar el evangelio, pero puedo fabricar bellos sillones. No tengo el don de visitar a los enfermos y hacerlos sentir mejor, pero soy bueno para hacer pasteles para llevarles a los demás. No soy bueno para invitar personas y entablar una conversación, pero tengo un don para reparar cosas que sus hijos han roto.

Ven a ver la extraordinaria fotografía que le tomé a un árbol seco. ¿Quieres venir a cenar el próximo miércoles en la noche? ¿No es cierto que ella maneja bien a esos niños difíciles? Javier es una roca sólida, siempre se puede confiar en lo que dice.

Amamos principalmente mediante los dones que Dios nos ha dado, para que los vertamos para los demás. Yo me doy a ti a través de mi música. Te doy amor defendiendo a un miembro impopular, dando dinero extra, alentando, escuchando, siendo aquello para lo que fui creado.

Deben animarse y edificarse unos a otros

«Preocupémonos los unos por los otros, a fin de estimularnos al amor y a las buenas obras» (Heb 10:24). «Anímense unos a otros cada día» (Heb 3:13). «Por eso, anímense y edifíquense unos a otros, tal como lo vienen haciendo» (1Ts 5:11). Ciertas personas de la hermandad necesitan mucho aliento y edificación. Necesitan que la comunidad los aliente a usar sus dones y contribuciones sin temor al juicio. Eso sería cierto, por ejemplo, de personas que solo han usado sus dones en pasatiempos en los que no recibían remuneración, o que están considerando tentativamente un cambio de carrera a los treinta y cinco años.

El patrón del nuevo cristiano es obstruido por toda clase de bagatelas. Para ser liberado en el verdadero sentido se requiere una cuna de comprensión y amor. Por ejemplo, la comunidad necesita animar a aquellos que dicen:

«Creo que tengo una muy buena idea que ayudará a la compañía, pero tengo miedo de que se rían de mí».

«Realmente me gustaría ir a la escuela y aprender a componer música, pero ¿cuántas personas se ganan la vida escribiendo canciones?».

«Abrir mi propia estación de gasolina siempre ha sido mi sueño, pero a Lorena le preocupa que pierda mis beneficios médicos».

«Mi esposo dice que mi lugar está en el hogar, pero ya que los hijos están grandes, realmente quiero vender propiedades».

Para la persona que necesita ayuda, el aliento y el apoyo son vitales para un buen fundamento, así que uno de los principales ministerios del cuerpo eclesiástico es edificar y alentar a cada miembro. Muchos cristianos no están seguros de cómo hacer esto. Para algunos, dar y recibir elogios parece algo cercano a incentivar el pecado. Estas son algunas sugerencias prácticas.

Cómo elogiar

Hablar de, alabar, señalar, y aprobar el trabajo, no a la persona. Decir, por ejemplo: «Esa enseñanza estuvo muy clara. Muchas gracias». No digas: «Eres un excelente maestro». O di: «Me encanta como arreglas las flores. Gracias por ese excelente trabajo». No digas: «Eres una excelente acomodadora de flores».

De este modo, atraemos la atención hacia el don que Dios ha concedido, respaldamos su ejercicio, y edificamos sin necesariamente atraer la atención hacia la persona que por lo demás ha pasado por una contorsión teológica para decidir si él o Dios tiene que llevarse el crédito. Además, no es necesario en absoluto limitar los elogios acerca del trabajo, mientras que la alabanza a quien lo realiza debe tener sus límites.

Técnica para recibir alabanza

«Eres un excelente maestro», dice alguien. Responde: «Muchas gracias, te aseguro que disfruto esta materia». No digas: «Bueno, no fui yo, fue el Señor». O si alguien dice: «Eres un muy buen cantante». Responde: «Muchas gracias, me alegra que te bendijera». No digas: «No, no canto tan bien».

Podemos atraer la atención hacia el trabajo o los resultados que todos saben que solo son posibles gracias al don de Dios sin tener que dar una enseñanza espontánea sobre el tema. Tampoco el Señor necesita que se le atribuya toda la responsabilidad de tu canto, porque eso abarca tanto tus defectos vocales como tu excelencia. A menudo hemos escuchado a compositores cristianos de segunda categoría decir: «Dios me dio esta canción», y luego proceden a cantar una canción que podría haber bendecido a algunos, pero que por cualquier estándar razonable de buena música era evidencia de un terrible gusto musical de parte de Dios.

Sabemos que Dios es el autor de nuestros dones, pero debemos reconocer que, dado que la redención *todavía* se está efectuando en nuestras facultades, mente y cuerpo, para el momento en que el don se abra paso, puede que falte parte del brillo inicial.

Deben servir al mundo con sus dones

> Que los que han creído en Dios se empeñen en hacer buenas obras. Esto es excelente y provechoso para todos (Tit 3:8).
>
> Que aprendan los nuestros a empeñarse en hacer buenas obras, a fin de que atiendan a lo que es realmente necesario y no lleven una vida inútil (Tit 3:14).

Un complemento esencial para el funcionamiento maduro del cuerpo de Cristo es la labor de sus miembros en vocaciones que produzcan servicios buenos y útiles a la humanidad. Solo muy pocas personas pasan su vida trabajando a tiempo completo para la iglesia. La mayoría de nosotros pasamos la mayor parte de nuestra vida en el mundo, sirviendo al mundo con los dones de Dios.

El Cuerpo al cual pertenecemos debe ser capaz de ayudarnos a ceñirnos para salir a la batalla y curar nuestras heridas cuando volvemos. Esta es quizá la función más importante del Cuerpo, a saber, entrenar y capacitar a sus miembros para que sean una luz en el mundo.

El Cuerpo puede tener problemas si no adopta los dones de sus miembros cuando el ejercicio de esos dones ocurre principalmente en el mundo. Si soy abogado, comerciante, dentista, agricultor, o maquinista con dones adecuados para esas vocaciones, el Cuerpo vuelve irrelevante mi vida laboral para mi vida de fe a menos que incluya todo lo que hay en mí cuando nos reunimos. A menos que el Cuerpo se entere de los detalles de mi trabajo, mis problemas, mis ansiedades y mis irritaciones al usar mis dones en mi vida laboral, no podrá proveer efectivamente ningún apoyo significativo. No podrá alentarme cuando necesite aliento, confrontarme cuando lo requiera, ni calmarme cuando tenga un temor no razonable.

Cuando el Cuerpo se reúne, la mayor parte de aquello que aborda, después de la adoración al Señor, debería emerger de las circunstancias e inquietudes de la vida real de sus miembros. Consideren orar, batallar, animar, amonestar, buscar la mente del Señor, respecto a una decisión de negocios, un nuevo diseño, un jefe o cliente difícil, un cambio de empleo, un retraso en el calendario, una prueba crucial, una competencia desleal, o un maestro desagradable. A veces estas cosas son más necesarias que preocupaciones obviamente «espirituales», y al ser concretas, pueden ser pruebas realistas de la efectividad de nuestra oración.

Nos atrevemos a sugerir un nivel más de compromiso. ¿Por qué no debería el Cuerpo contribuir de sus recursos financieros a proveer seguridad durante un cambio de carrera para uno de sus miembros? ¿Por qué no permitir que un hermano o hermana aparte tiempo para asumir una campaña de búsqueda de empleo sin preocuparse por la familia, proveyendo fondos, comidas, cuidado de niños, y aliento? ¿Por qué no deberían los dones de fijación de metas, organización, planificación y consejería del Cuerpo aplicarse a situaciones de incompatibilidad laboral y a permitir que los jóvenes tomen buenas decisiones de carrera? ¿Por qué no permitir que el Cuerpo se convierta en un testimonio viviente para el mundo de que la fe cristiana abarca todos los ámbitos de la vida, y el amor cristiano acompaña a cada miembro a su puesto en el mundo laboral, que nada escapa de la gracia de Dios?

14

La meta de todas las cosas

El hecho más ineludible de la vida mortal es que esta acaba. Acaba a pesar del hecho de que a la vida humana no le parece natural acabar. La Resurrección es la puerta a la eternidad, donde entraremos en un uso de nuestros dones sin estorbo en un reino donde todos serán capaces de expresar plenamente sus dones sin las fatigas que los acompañaban en la tierra. «"Dichosos los que de ahora en adelante mueren en el Señor". "Sí —dice el Espíritu—, ellos descansarán de sus fatigosas tareas, pues sus obras los acompañan"» (Ap 14:13). Ese verso nos asegura el descanso y luego señala que nuestro trabajo en la tierra nos seguirá hasta la eternidad. Lo que hacemos aquí que soporte el juicio de Dios estará con nosotros.

Cualquiera que sea la forma que asuman nuestras obras en la eternidad, ya sea carácter, conocimiento, aprobación, o gloria, es reconfortante saber que lo que hacemos en el tiempo con nuestras vidas tiene repercusiones eternas.

No obstante, entre el tiempo y la eternidad hay un aleccionador proceso llamado juicio. Este se menciona con frecuencia en la Biblia como advertencia al ser humano para que ponga atención en lo que está haciendo.

> Yo, el Señor, sondeo el corazón y examino los pensamientos, para darle a cada uno según sus acciones y según el fruto de sus obras (Jer 17:19).
>
> ...que tú, Señor, eres todo amor; que tú pagarás a cada uno según lo que merezcan sus obras (Sal 62:12).
>
> Vi también a los muertos, grandes y pequeños, de pie delante del trono. Se abrieron unos libros, y luego otro, que es el libro de la vida. Los muertos fueron juzgados según lo que habían hecho, conforme a lo que estaba escrito en los libros. El mar devolvió sus muertos; la muerte y el infierno devolvieron los suyos; y cada uno fue juzgado según lo que había hecho (Ap 20:12-13).
>
> ¡Miren que vengo pronto! Traigo conmigo mi recompensa, y le pagaré a cada uno según lo que haya hecho (Ap 22:12).
>
> Su obra se mostrará tal cual es, pues el día del juicio la dejará al descubierto. El fuego la dará a conocer, y pondrá a prueba la calidad del trabajo de cada uno. Si lo que alguien ha construido permanece, recibirá su recompensa (1Co 3:13-14).

Cuando tenemos a Jesús como Señor, sabemos que nuestra salvación está segura. Pero la Escritura insiste, a través de los pasajes anteriores y especialmente en la parábola de los talentos (Mt 25:14-30), en que habrá una diferencia entre un creyente y otro.

Esa diferencia se expresa en términos de recompensa. Las recompensas en el tiempo son pasajeras, pero en la eternidad son para siempre. Eso por sí solo magnifica el significado de «¡hiciste bien, siervo bueno y fiel!» de Mateo 25:21.

Habrá una eterna alabanza de Dios para el cristiano fiel. Anhelamos su «hiciste bien», y viviremos por la eternidad en el placer de que él está complacido. El que seamos capaces de responder apropiadamente provendrá de las lecciones aprendidas aquí. Recordaremos las experiencias que tuvimos cuando otros respondían a algún bien que logramos y tuvimos (quizá fugazmente) el arrebato de placer en esa validación de nuestro trabajo, el sentido de nuestra dignidad proveniente de nuestros padres, amigos y colegas. A pesar de toda la perversión en el orgullo y el deseo de fama o reconocimiento, aún queda la posibilidad de un saludable «hiciste bien» que es bueno y agrada a Dios.

Originalmente nos amábamos a nosotros mismos, y nuestro intento de felicidad era explotar toda alabanza con el fin de validar nuestro egocentrismo y usarla para demostrar nuestro valor. Era un ego enfermo expresándose a sí mismo su valor.

Luego Dios hizo posible que nuestra servil pasión por nosotros mismos fuera reemplazada por un amor libre y natural por él. Nuestro trabajo se convirtió en una demostración de nuestro amor por él. Ahora nuestros propósitos para el trabajo y la calidad de nuestro trabajo son todos para él, pero para alguien a quien aún tenemos que ver cara a cara. El disfrute de la respuesta de los demás se aprecia a la luz de la respuesta última de Dios.

De pronto Dios rompe la distancia y nos damos cuenta de que él es la audiencia de todo el trabajo que hemos hecho. Él es el juez de lo que vale esa labor. Pero su valor no está recluido en propósitos utilitarios temporales. Su valor está en su verdad como lenguaje del amor. Cualquiera que sea el trabajo, podemos decir: «Lo hice por ti», y descubrir la respuesta: «¡Hiciste bien, siervo bueno y fiel!».

¿Cómo será para el Autor del universo bendecirnos de esa manera? Sin duda esa recompensa vale el riesgo de adorar a Dios siguiendo su plan para nuestras vidas.

> Hermanos, no pienso que yo mismo lo haya logrado ya. Más bien, una cosa hago: olvidando lo que queda atrás y esforzándome por alcanzar lo que está delante, sigo avanzando hacia la meta para ganar el premio que Dios ofrece mediante su llamamiento celestial en Cristo Jesús (Fil 3:13-14).

APÉNDICE

Sistema de Identificación de Capacidades Motivadas (SIMA)[2]

Información biográfica

Si eres como la mayoría de las personas, nunca te has tomado el tiempo para determinar las cosas en las que eres bueno y que estás motivado a realizar. En consecuencia, es improbable que uses estos talentos de modo tan completo o efectivo como podrías.

La identificación de tus fortalezas y tus motivaciones vocacionalmente significativas es el propósito de SIMA.

Para completar este formulario, se te pide que enumeres y describas cosas que has hecho que: 1) disfrutaste al hacerlas, y 2) crees que las hiciste bien.

Tales experiencias de logros pueden haber ocurrido en tu trabajo, en tu vida del hogar, o en tu tiempo libre.

Es imperativo que escribas lo que para ti fue importante. No escribas lo que creas que otras personas podrían considerar importante. Además, es esencial que relates experiencias de logros específicas y no generales. Para ayudarte a entender el tipo de experiencias de logros que buscamos, encontrarás a continuación ejemplos de cosas que otras personas han anotado como personalmente significativas.

No hay un límite de tiempo para completar este formulario. NO ES UNA PRUEBA, así que disfruta. No hay respuestas correctas o incorrectas.

2. Formulario Biográfico SIMA, People Management, Inc. Simbsbury, Connecticut 06070 © 1980.

Ejemplos resumidos

«Montar obras de teatro para los niños del barrio con disfraces, utilería, etc. El proyecto más exitoso fue transformar un cobertizo detrás de nuestra casa en un mundo de hadas con efectos de luces, decoraciones, princesas, brujas, etc.».

«Construí y dominé el par de zancos más altos de mi barrio. Comencé una moda de zancos entre mis amigos».

«Tuve un empleo como aprendiz de imprenta. Desarrollé un método para cortar estereotipos más rápido y más preciso que el que se usaba anteriormente».

«Establecí una rutina vespertina de un tiempo devocional de compartir y leer con nuestros hijos, lo que hizo del momento de acostarse un agradable final del día».

«Fui el motor principal de una compañía incipiente. Me encargué de la utilidad del concepto de producto. Tuve mucho que ver con el desarrollo de mercado inicial. Ayudé a concebir conceptos básicos de manufacturación».

«Organicé y dirigí una conferencia nacional patrocinada por una compañía con alrededor de cien participantes. La conferencia fue un rotundo éxito».

Logros personales, no experiencias.

Al describir tus logros, recuerda que, aunque un logro puede referirse a experiencias de tiempo libre o a impresiones, observaciones personales u otros sentimientos intangibles, relaciones, etc., el logro debe ser algo que no solo experimentaste, sino que esencialmente debe ser algo que lograste, algo que disfrutaste haciendo, y crees que lo hiciste bien.

Tienes que proveer detalles de algo específico que hiciste. Por ejemplo:

No bueno: «Lo pasé genial en mi viaje a Europa».
Bueno: «Llegué a entender la cultura europea en mi viaje a Europa».
También bueno: «Tomé algunas fotos impresionantes en mi viaje a Europa».

Finalmente, no sientas que tienes que abarcar cada año de tu vida. Este no es un relato autobiográfico de toda tu vida, sino más bien una mirada a los momentos destacados.

Resumen de logros

Para cada periodo, describe brevemente dos o más cosas específicas que lograste y que disfrutaste al hacerlas y crees que las hiciste bien. Si te resulta útil, anota los años del calendario abarcados en cada periodo etario; es decir, «1985-1992». Crea categorías adicionales para más logros si deseas agregarlos (a-3, b-3, etc.).

Infancia

(a-1)

(a-2)

Adolescencia

(Si estás en este grupo etario, sigue anotando ejemplos, e ignora las categorías etarias que siguen. Anota tantos ejemplos como puedas recordar).

(b-1)

(b-2)

18-22 años

(c-1)

(c-2)

____ años

(d-1)

(d-2)

_____ años

(f-1)

(f-2)

_____ años

(g-1)

(g-2)

______ años

(h-1)

(h-2)

De las cosas que has descrito, indica en las siguientes casillas las ocho más importantes para ti (p. ej., b-2, f-1), no necesariamente en orden de importancia. Pon un asterisco* junto a los logros resumidos anteriores que has escogido.

☐ ☐ ☐ ☐ ☐ ☐ ☐ ☐

Extiéndete en los logros más importantes

Toma los ocho logros más importantes en el orden de las casillas anteriores y describe:

1. Cómo te involucraste en ello.

2. Los detalles de lo que realmente hiciste (explayate).

3. Qué fue particularmente placentero o satisfactorio para ti.

A algunas personas les gusta escribir, así que disfrutarán totalmente este ejercicio. Otros son reacios a tanta escritura. Si estás en esta última categoría, podrías grabar tu explicación en audio y pedirle a alguien que transcriba tus palabras en las siguientes páginas.

Trata de llenar cada página, enfocándote en los detalles de lo que efectivamente hiciste.

Comienza cada página repitiendo el resumen del logro.

Logro 1 (   )

Resumen en una oración:

Cómo te involucraste:

Detalles de lo que hiciste (cómo lo llevaste realmente a cabo):

Qué fue particularmente satisfactorio para ti:

Logro 2 (   )

Resumen en una oración:

Cómo te involucraste:

Detalles de lo que hiciste (cómo lo llevaste realmente a cabo):

Qué fue particularmente satisfactorio para ti:

Logro 3 (   )

Resumen en una oración:

Cómo te involucraste:

Detalles de lo que hiciste (cómo lo llevaste realmente a cabo):

Qué fue particularmente satisfactorio para ti:

Logro 4 (   )

Resumen en una oración:

Cómo te involucraste:

Detalles de lo que hiciste (cómo lo llevaste realmente a cabo):

Qué fue particularmente satisfactorio para ti:

Logro 5 (   )

Resumen en una oración:

Cómo te involucraste:

Detalles de lo que hiciste (cómo lo llevaste realmente a cabo):

Qué fue particularmente satisfactorio para ti:

Logro 6 (   )

Resumen en una oración:

Cómo te involucraste:

Detalles de lo que hiciste (cómo lo llevaste realmente a cabo):

Qué fue particularmente satisfactorio para ti:

Logro 7 (   )

Resumen en una oración:

Cómo te involucraste:

Detalles de lo que hiciste (cómo lo llevaste realmente a cabo):

Qué fue particularmente satisfactorio para ti:

Logro 8 (   )

Resumen en una oración:

Cómo te involucraste:

Detalles de lo que hiciste (cómo lo llevaste realmente a cabo):

Qué fue particularmente satisfactorio para ti:

Historial de trabajo

Fechas	Organización	Cargo / función

RESUMEN ACADÉMICO

Universidad – Año – Grado – Carrera

Tesis

Actividades

Asignaturas favoritas – Universidad Secundaria

INFORMACIÓN DE TIEMPO LIBRE

¿Qué actividades te causan el mayor placer fuera del trabajo?

¿Cuando eras niño?

Made in the USA
Monee, IL
18 October 2026

66039184R00111